U0530687

国家智库报告 2019（39）
National Think Tank

经济

中国对外贸易报告
（2018—2019）

苏庆义　等著

UNDERSTANDING CHINA'S FOREIGN TRADE（2018—2019）

中国社会科学出版社

图书在版编目(CIP)数据

中国对外贸易报告.2018—2019／苏庆义等著.—北京：中国社会科学出版社，2019.10

（国家智库报告）

ISBN 978-7-5203-5724-1

Ⅰ.①中… Ⅱ.①苏… Ⅲ.①对外贸易—研究报告—中国—2018-2019 Ⅳ.①F752

中国版本图书馆 CIP 数据核字（2019）第 272568 号

出 版 人	赵剑英
项目统筹	王 茵
责任编辑	喻 苗
特约编辑	郭 枭
责任校对	夏慧萍
责任印制	李寡寡

出　　版	中国社会科学出版社
社　　址	北京鼓楼西大街甲 158 号
邮　　编	100720
网　　址	http://www.csspw.cn
发 行 部	010-84083685
门 市 部	010-84029450
经　　销	新华书店及其他书店

印刷装订	北京君升印刷有限公司
版　　次	2019 年 10 月第 1 版
印　　次	2019 年 10 月第 1 次印刷

开　　本	787×1092　1/16
印　　张	9
插　　页	2
字　　数	90 千字
定　　价	49.00 元

凡购买中国社会科学出版社图书，如有质量问题请与本社营销中心联系调换
电话：010-84083683
版权所有　侵权必究

摘要： 2018年，中国外贸稳中有进，总体平稳。按美元计价，中国外贸进出口总值4.62万亿美元，增长12.6%；其中，出口2.48万亿美元，增长9.9%；进口2.14万亿美元，增长15.8%；贸易顺差3517.6亿美元，收窄16.2%。本报告从服务贸易、商品结构、贸易方式、国别贸易、地区贸易等方面回顾了中国2018年的外贸表现，并预测了2019年的外贸走势。尤其是，本报告分析了中美经贸摩擦对中国外贸的影响。本报告认为：中美经贸摩擦对中国外贸的影响具有滞后性，在2018年底才开始显现，并延续到2019年。但是，不应忽视经贸摩擦的长期影响，如果经贸摩擦不能在短期内缓解，则中国外贸将遭受较大的影响。本报告预测2019年中国出口增速虽低于2018年，但仍会保持适度正增长，进口增速则将大幅降低，甚至转为负增长。

关键词： 中国对外贸易；回顾与展望；经贸摩擦

Abstract: China's foreign trade has made steady progress and kept overall stability in 2018. The total value of China's imports and exports increased by 12.6% to $4.62 trillion, including $2.48 trillion in exports, an increase of 9.9%, $2.14 trillion in imports, an increase of 15.8%, and a trade surplus of $35.17 billion, a decrease of 16.2%. This report reviews China's foreign trade performance in 2018 from the aspects of service trade, commodity structure, trade mode, country trade and regional trade, and forecasts China's foreign trade trend in 2019. In particular, this report analyses the impact of China-US economic and trade friction on China's foreign trade. The report holds that the impact of China-US economic and trade friction on China's foreign trade lags behind and begins to appear at the end of 2018 and continues until 2019. However, the long-term impact of economic and trade friction should not be neglected. If economic and trade friction cannot be alleviated in the short term, China's foreign trade will suffer a greater impact. The report predicts that although China's export growth in 2019 is lower than that in 2018, it will still maintain a moderately positive growth, while import growth will be significantly reduced, or even turned into negative growth.

Key Words: China's Foreign Trade, Retrospect and Forecast, Trade Friction

目 录

第一章 总报告 …………………………… （1）
    一 贸易摩擦对中国与世界贸易的短期
       影响 …………………………………… （1）
    二 贸易摩擦对中国与世界贸易的长期
       影响 …………………………………… （4）
    三 总结 ………………………………… （13）

第二章 服务贸易篇 ………………………… （14）
    一 2018年中国服务贸易发展的总体
       情况 …………………………………… （15）
    二 中美贸易摩擦对我国服务贸易影响
       分析 …………………………………… （21）
    三 中国服务贸易发展趋势展望 ………… （26）

第三章 商品结构篇 ………………………… （30）
    一 2018年分商品类别的中国外贸概况 …… （31）

二　2018年进出口重点商品的结构特征 ……（35）
　　（一）出口结构不断升级和优化，机电产品和高新技术产品仍为中国进出口贸易的重点产品 ……（35）
　　（二）进口政策有效引导，商品结构更加合理 ……（39）
三　中美贸易摩擦对中国外贸商品结构的主要影响 ……（40）
四　结论及未来展望 ……（43）

第四章　贸易方式篇 ……（45）
一　2018年贸易方式发展概况 ……（45）
二　按贸易方式分析中国对外贸易发展 ……（47）
　　（一）一般贸易进出口整体呈上升趋势，占比有所增加 ……（47）
　　（二）加工贸易进出口整体上升，占比有所下降 ……（49）
　　（三）海关特殊监管区域物流货物贸易继续增长 ……（51）
三　中美经贸摩擦对两国贸易方式的影响 ……（53）
　　（一）2018年度中美贸易方式发展概况 ……（53）

（二）经贸摩擦下的中美贸易方式
发展 ……………………………………（54）

第五章 国别贸易篇 …………………………（62）

一 2018年中国国别贸易发展概况 ……………（64）

（一）总体情况 ………………………………（64）

（二）出口情况 ………………………………（66）

（三）进口情况 ………………………………（68）

（四）贸易差额 ………………………………（70）

（五）十年来中国对外贸易国别结构的
变化 ………………………………………（73）

二 2018年国别贸易变化的主要特点与
原因 ……………………………………………（81）

（一）中国进口的快速增长 …………………（81）

（二）中国进口的强劲增长对世界经济的
稳定作用 …………………………………（82）

（三）中美经贸摩擦对双方经济和贸易的
影响 ………………………………………（84）

三 国别贸易格局的前景 ………………………（86）

第六章 地区贸易篇 …………………………（89）

一 2018年地区贸易开放格局 …………………（89）

二　2018年各地区贸易总额、增速及位次的变化 …………………………………………… (92)
三　2018年中国各地区自贸园区的发展 …… (96)
四　"一带一路"建设与中西部内陆地区贸易发展 …………………………………………… (99)
五　中美贸易摩擦与地区贸易发展 ………… (102)
六　地区贸易发展的政策建议 ……………… (106)

第七章　预测与走势判断篇 …………………… (109)

一　进出口贸易的整体影响因素 ……………… (112)
（一）全球经济增长动力弱化，下行趋势凸显 ……………………………………… (112)
（二）中国全方位扩大开放，政策红利不断 ……………………………………… (113)
（三）贸易保护主义抬头，经贸摩擦加剧 ……………………………………… (114)
（四）多边贸易体系受到威胁，国际经贸规则面临重塑 ……………………… (115)
（五）地缘政治 …………………………… (115)
二　出口贸易影响因素 ………………………… (116)
（一）世界经济增速回落，外部需求面临下降压力 ……………………………… (116)

（二）人民币或呈双向波动，汇率将保持
　　　　基本稳定 ……………………………（117）
　　（三）中美贸易摩擦影响加深，企业面临
　　　　退出全球价值链压力 ………………（118）
　　（四）国内生产成本有下行趋势 …………（119）
　　（五）产品质量将进一步提升 ……………（120）
三　进口贸易影响因素 ………………………（120）
　　（一）中国经济增速放缓，但进口消费
　　　　需求上升 ……………………………（120）
　　（二）进口商品价格增速放缓，进口增长
　　　　承受负面影响 ………………………（121）
　　（三）进一步扩大开放和主动扩大进口或
　　　　使进口进一步增加 …………………（122）
四　综合分析 …………………………………（122）

表 目 录

表 1-1　美国制裁与中国反制对双方贸易额的负面影响 ……………………………（6）

表 1-2　特朗普上台以来各方实施的加征关税行为汇总（截至 2018 年 9 月）………（9）

表 2-1　2018 年中国服务分类进出口统计 ……（18）

表 3-1　2018 年出口重点商品量值表 …………（32）

表 3-2　2018 年进口重点商品量值表 …………（34）

表 3-3　传统劳动密集型产品出口占比 ………（37）

表 3-4　主要机电产品出口占比 ………………（38）

表 3-5　美国对华加征关税清单及涉及产品 ……………………………………（41）

表 5-1　2018 年中国（含香港）与主要贸易伙伴的贸易金额与增长率 …………（64）

表 5-2　2009—2018 年主要贸易伙伴占中国出口的份额 ………………………（73）

表 5-3　2009—2018年主要贸易伙伴占中国进口的份额 …………（77）

表 5-4　2009—2018年中国进口对部分主要贸易伙伴的经济增长贡献率 ……………（83）

表 6-1　2014—2018年中国各地区进出口总额位次变化 …………（93）

表 6-2　各自贸试验区基本信息 ……………（97）

表 6-3　中美贸易摩擦前后各地区进出口变化情况 ……………（104）

表 7-1　各因素影响外贸的机制 ……………（110）

图 目 录

图1-1 中国外贸月度总体增速和对美增速 …………………………… （3）
图1-2 世界贸易月度实际增速 …………………… （4）
图2-1 2008—2018年中国服务进出口总额走势 …………………………… （16）
图2-2 2008—2018年中国服务出口走势 …… （17）
图2-3 2008—2018年中国服务进口走势 …… （17）
图2-4 2008—2018年中国服务逆差走势 …… （20）
图2-5 2010—2018年世界主要经济体服务贸易规模走势 …………………………… （21）
图2-6 2006—2017年中美贸易差额 ………… （22）
图2-7 2006—2017年中美运输、旅行、知识产权使用费上的贸易差额 …………… （22）
图3-1 传统劳动密集型产品出口占比（2006—2018年） ……………………… （36）

图 3-2　机电产品出口占比（2000—2018 年）……………（36）
图 3-3　中国对美国机电产品出口额（2017—2019 年）……………（42）
图 4-1　中国一般贸易和加工贸易的年度增长情况……………（46）
图 4-2　2018 年中国一般贸易进出口的月度变化……………（48）
图 4-3　2018 年加工贸易和外商投资企业进口设备的月度增长变化……………（51）
图 4-4　2018 年海关特殊监管区域进出口贸易额月度变化……………（52）
图 4-5　2018 年中美一般贸易进出口的月度变化……………（56）
图 4-6　2018 年加工贸易和外商投资企业进口设备的月度增长变化……………（59）
图 4-7　2018 年海关特殊监管区域、保税监管场所进出境货物贸易额月度变化……（60）
图 5-1　2017—2018 年中国与主要贸易伙伴的贸易差额……………（71）
图 5-2　2008—2018 年中国主要出口对象占中国出口的份额……………（74）

图 5-3　2009—2018 年中国出口国别（地区）结构 …………（75）

图 5-4　中国主要进口来源国占中国进口的份额 …………（78）

图 5-5　2009—2018 年中国进口国别（地区）结构 …………（79）

图 5-6　中国进出口对发展中国家和地区及"五眼联盟"的依存度 …………（81）

图 5-7　2019 年第一季度中国对主要市场出口同比增长率 …………（85）

图 5-8　2019 年第一季度中国自主要进口来源地进口同比增长率 …………（87）

图 6-1　2018 年各地区国内生产总值与进出口总额关系图 …………（91）

图 6-2　2018 年各地区进出口总额的分布 ……（93）

图 6-3　2018 年各地区进出口总额的增速 ……（96）

图 6-4　"一带一路"倡议前后东部和中西部地区贸易变化对比 …………（101）

图 6-5　各地区对美贸易依赖度和进出口增长率关系 …………（106）

第一章　总报告

苏庆义

美国总统特朗普2017年上台以来，对美国贸易政策进行了较大幅度的调整，并于2018年在全球范围内挑起贸易摩擦，尤其是针对中国的贸易摩擦尤为严重。本部分主要分析贸易摩擦对贸易形势的短期和长期影响。由于已经可以得到2018年贸易数据，短期影响分析基于2018年数据和以前年份的数据比较得出；长期影响则基于一定的数量分析得出，在假设贸易摩擦长期持续的前提下，贸易形势会有何种变化。

一　贸易摩擦对中国与世界贸易的短期影响

由于中美贸易摩擦及其他贸易摩擦主要发生于2018年，可以基于2018年以来贸易数据和2018年之前贸易数据的比较,来分析贸易摩擦对中国外贸及世界贸易的影响。

图1-1给出中国总体出口和总体进口、对美出口和自美进口增速的月度数据。从月度增速来看,可以得出以下几点判断:(1)中美贸易摩擦对中国外贸的影响具有滞后性,在2018年底开始显现,一直持续到2019年前三个月。中国总体出口、总体进口、对美出口增速均是在2018年11月才开始走低。中国总体出口增速从10月的14.30%下降到11月的3.92%,总体进口增速从10月的20.37%下降到11月的2.82%,对美出口从10月的13.15%下降到11月的9.79%。不仅月度数据,从季度数据和年度数据也可以看出这一点。2018年中国平均月度总体出口、进口和对美出口增速分别为11.20%、16.57%、11.94%,2017年数据分别是7.65%、16.90%、11.03%,可以看出,2018年并没有受到影响。但是2019年第一季度平均月度数据分别是0.90%、-4.80%、-9.21%,明显受到较大影响。(2)中国自美进口受到的影响早于并大于中国总体进出口以及中国对美出口,2019年以来中国对美外贸受到的影响大于中国总体外贸。2018年8月,中国自美进口增速就开始下降,从7月的11.06%下降到2.17%。这早于中国总体出口、总体进口、对美出口增速开始下降的11月。而且,2018年,中国自

美进口平均月度增速为1.31%,远低于2017年的16.03%。2019年第一季度的平均月度自美进口数据更是掉落到-31.01%。中国自美进口受到的影响明显大于其他方面。从2019年第一季度数据来看,中国对美外贸受影响大于中国的总体进出口。2019年第一季度中国对美出口、自美进口平均月度增速较2018年下降21.15个百分点、32.32个百分点,下降幅度高于中国总体出口和进口下降幅度(10.30个百分点和21.37个百分点)。

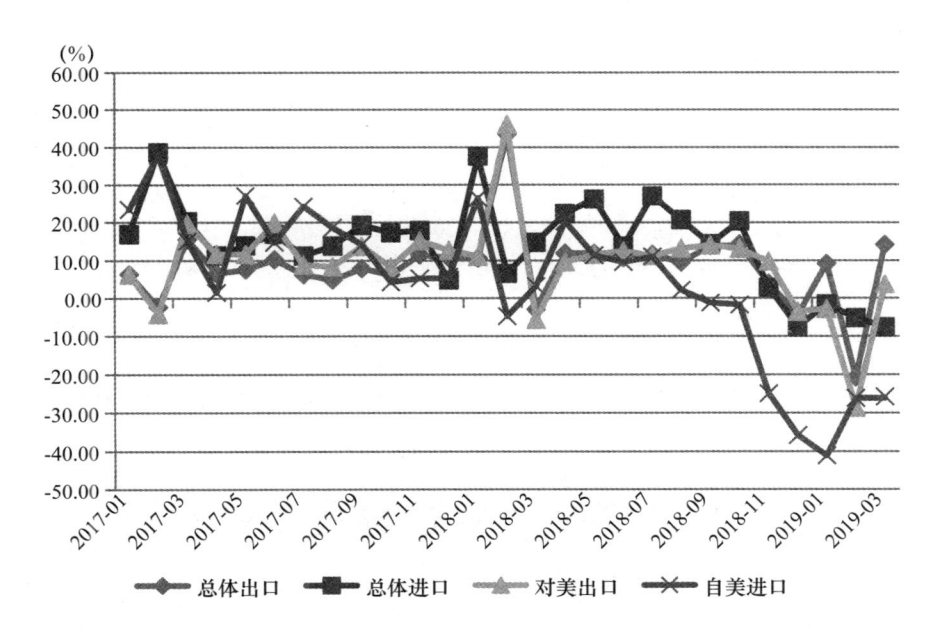

图1-1 中国外贸月度总体增速和对美增速

资料来源:中国海关。

图1-2给出世界贸易的月度实际增速。贸易摩擦

对世界贸易的影响在2018年11月开始显现,这和中国外贸类似。11月世界贸易实际增速从10月的5.60%下降到0.88%。12月更是表现出-1.50%的负增长。贸易摩擦的影响持续到2019年前两个月。2019年1月和2月世界贸易实际增速分别是0.06%和-1.06%。

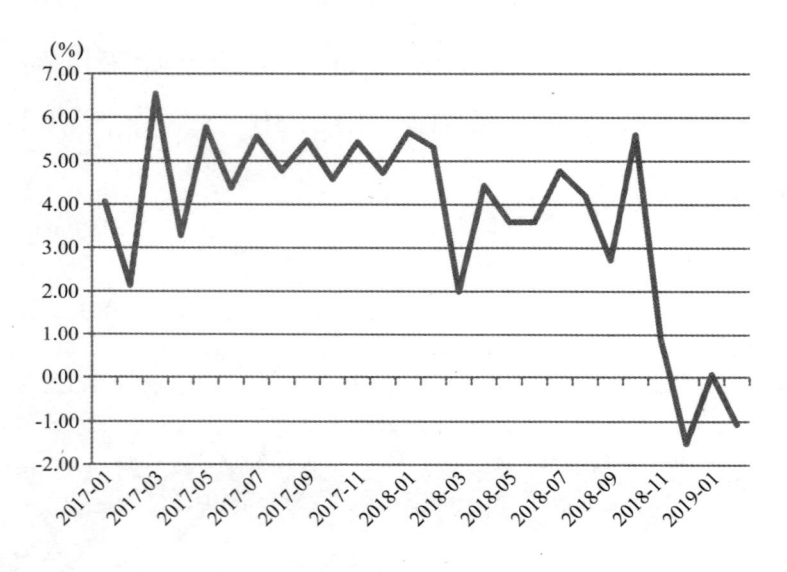

图1-2 世界贸易月度实际增速

资料来源:CPB World Trade Monitor, https://www.cpb.nl/en/worldtrademonitor。

二 贸易摩擦对中国与世界贸易的长期影响

1. 美国制裁与中国反制对双方贸易、生产和消费的影响

美国贸易制裁与中国反制将直接影响中美双边贸

易额以及中美各自总贸易额。这种影响是因为双方将对清单上的产品加征关税。此外，还需跳出贸易往来的视角，窥视制裁与反制对双方各自国内生产和消费的影响。下面以双方的500亿美元贸易摩擦额度为例进行评估。实际上，在500亿美元基础上，再评估双方2000亿美元的影响，会有更大的影响。

（1）对双方贸易额的影响

从短期来讲，双方对彼此产品加征关税将直接影响贸易流。为此，笔者基于局部均衡的思想进行粗略计算。这需要计算中美各自的进口或出口弹性。以中国的进口弹性为例，这意味着需要计算，当中国进口产品价格上升1%时，中国的实际进口额下降百分之几。陈勇兵等计算得出，中国的平均进口弹性为1.03。[1] 中国社会科学院世界经济与政治研究所毛日昇博士计算的中国的平均出口弹性为1.48。[2] 双方清单给出的征税额度都是25%，假设产品价格也因此上涨25%，则计算得出的中美双边贸易额将下降4.71个百

---

[1] 陈勇兵、陈小鸿、曹亮等：《中国进口需求弹性的估算》，《世界经济》2014年第2期。

[2] 索德伯里计算的美国的平均进口弹性大约为4.89，高于本书使用的中国的出口弹性。虽然这两个测算结果不同，但均表明，美国进口弹性（中国出口弹性）大于中国的进口弹性。这不会影响本书结论。参见 A. Soderbery, "Estimating Import Supply and Demand Elasticities: Analysis and Implications", *Journal of International Economics*, Vol. 96, No. 1, 2015, pp. 1–17。

分点,应该说美国制裁与中国反制对中美双边贸易额的影响并不小。中美双边贸易差额下降42.60亿美元,并不能起到明显削减贸易差额的影响。但是考虑到中美双边贸易额仅是各自贸易总额的一部分,美国制裁与中国反制对双方的总贸易额影响有限。中国的总贸易额下降0.73个百分点,美国的总贸易额下降0.77个百分点。

表1-1　　美国制裁与中国反制对双方贸易额的负面影响

单位:亿美元、%

国别	类型	双边出口	双边进口	双边贸易额	双边差额	总出口	总进口	总贸易额
中国	总贸易额	170.86	128.25	299.11	42.60	—	—	—
	贸易额下降	3.39	9.84	4.71	—	0.75	0.70	0.73
美国	总贸易额	128.25	170.86	299.11	42.60	—	—	—
	贸易额下降	9.84	3.39	4.71	—	0.83	0.73	0.77

资料来源:笔者计算。

(2) 对双方生产和消费的影响

如果考虑双方清单的产品结构,则对双方的影响还需要进一步分析。从出口角度来看,中国主要是高技术产品、上游产品、资本品的出口受到限制,如果进而对这些产品的生产造成负面影响,确实会影响到中国的产业升级和贸易结构转型。在上游行业受到负面影响时,中国面向终端消费的产品生产也会受到负面影响。从进口角度来看,中国由于自身的反制措施,进口下降的主要是面向消费的终端产品和农产品。这会对国内的生活成本造成负面影响，也会直接影响国内的物价水平，造成物价上升。从应对策略来讲，为消解对出口的负面影响，一方面是扩展市场，将这部分产品销往其他国家；另一方面是加大中国下游产品和终端产品的出口（不在美国制裁清单中的产品），消化上游行业因为出口下降受到的负面影响。为消解进口的负面影响，对飞机和汽车来讲，可以通过增加来自其他国家的进口来降低不利影响，这两大产品均有较强的可替代性，但转移到其他卖家存在相应的成本。对农产品的黄大豆而言，则需要监测其对国内物价水平的影响。

对美国而言，从出口角度来看，中国的反制将导致其飞机、汽车等产业受影响，由于农产品出口受限，农民的利益也将受影响。飞机、汽车等下游行业的受限将导致这些生产链上的国内相关产业也受到影响。农产品的受限将导致农民直接受到负面影响。而且，由于中国的反制以这三大类产品为主，对这三大产业及相关产业的影响会较大。并且由于这三大产品不容易寻找替代的进口国，负面影响会持续一段时间。从进口角度来看，美国来自中国的进口下降主要是上游产业、高技术产业、资本品，对本国消费者造成的负面影响很小，主要影响本国的下游产业，造成下游产业生产成本的上升。不过，对于来自中国的这些进口产品，由于中国在生产这类产品上并不具备明显的比较优势，美国寻找替代的出口国的难度较小。

对双方生产和消费的影响大小，以中国对美国的反制为例，则可以从中国从美国进口产品占中国进口总额的比重以及美国向中国出口该产品占美国出口总额的比重来分析。如果中国从美国进口产品占中国进口总额的比重较低，则说明中国可以较为容易地从其他国家进口该产品，对中国的负面影响较小；反之，则对中国的负面影响较大。如果美国向中国出口该产品占美国出口总额的比重较小，则说明中国反制对美国的影响较小，美国可以较为容易地将出口产品转移到其他国家；反之，则对美国的负面影响较大。根据埃雷罗和盖瑞·吴的分析，[1] 中国的反制清单对美国的影响较大，但是对中国的负面影响同样也较大。反观美国对中国的制裁，无论对美国自身，还是对中国而言，影响都较小。

2. 估算贸易摩擦对世界贸易形势的影响

表1-2总结了特朗普上台以来发起的各类贸易摩擦以及其他国家相应的反制措施。可以看出，2018年

---

[1] Alicia Garcia Herrero and Gary Ng, "US-China Raising the Stakes Towards a Harming Trade War", 2018, https：//www. research. natixis. com/GlobalResearchWeb/Main/GlobalResearch/ViewDocument/VOEVSAom-BkxHHqa05BvQYA＝＝.

以来，世界范围内生效的加征关税行为大约有14个。加征关税行为涉及总金额约4395亿美元，加征关税幅度从10%到178.6%。涉及商品种类较多，从原材料、中间品、投资品到消费品，从农产品到工业品。其中，美国主动发起的加征关税行为最多，其他国家则对美国进行了相应的反制。从加征双方来看，中美之间的贸易摩擦最为激烈。中国被加征关税的金额最多，涉及2500多亿美元商品。美国被加征关税数额也不少，除中国反制的1134亿美元外，其他国家对美国的反制数额也达到178亿美元。

表1-2　　特朗普上台以来各方实施的加征关税行为汇总

（截至2018年9月）

序号	生效日期	加征方	被加征方	行业、金额和幅度	理由
1	2018年1月	美国	所有国家	85亿美元太阳能板，18亿美元洗衣机	美国《1974年贸易法》"201调查"，保障措施
2	2018年4月	中国	美国	对10亿美元高粱征收178.6%的反倾销税	世贸组织框架的"双反"调查
3	2018年3月	美国	所有国家，尤其影响加拿大、欧盟、墨西哥、韩国	对480亿美元钢铝加征关税，钢铁加征幅度为25%，铝加征幅度为10%，对部分国家进行临时豁免	美国《1962年贸易扩展法》"232调查"，国家安全
4	2018年3月	土耳其	美国	对18亿美元产品加征关税	反制美国对钢铝加征关税
5	2018年4月	中国	美国	对24亿美元产品加征关税，包括铝废料、猪肉、水果和坚果等	反制美国对钢铝加征关税

续表

序号	生效日期	加征方	被加征方	行业、金额和幅度	理由
6	2018年6月	欧盟	美国	对32亿美元钢铝、农产品和消费品加征25%的关税，受影响产品包括红莓、哈雷摩托车、蓝色牛仔裤、波旁威士忌等	反制美国对钢铝加征关税
7	2018年7月	加拿大	美国	对128亿美元产品加征关税，钢铝产品占一半金额，其他为农产品和消费品，对钢铁加征25%的关税，对其他产品加征10%的关税	反制美国对钢铝加征关税
8	2018年8月	美国	土耳其	特朗普宣布对土耳其钢铁加征关税幅度从25%提升到50%，对铝加征关税幅度从10%提升到20%	回应土耳其里拉贬值的行为
9	2018年8月	土耳其	美国	对汽车、酒精、烟草等加征关税	反制特朗普对土耳其产品加征关税幅度翻倍的行为
10	2018年7月	美国	中国	对中国340亿美元商品加征25%的关税	美国《1974年贸易法》"301调查"
11	2018年7月	中国	美国	对美国340亿美元商品加征25%的关税	反制美国的340亿美元加征关税行为
12	2018年8月	美国	中国	对中国160亿美元商品加征25%的关税	美国《1974年贸易法》"301调查"
13	2018年8月	中国	美国	对美国160亿美元商品加征25%的关税	反制美国的160亿美元加征关税行为
14	2018年9月	美国	中国	对中国2000亿美元产品加征10%的关税，并将于2019年1月1日将加征幅度提升到25%	美国《1974年贸易法》"301调查"，并回应中国的反制

续表

序号	生效日期	加征方	被加征方	行业、金额和幅度	理由
15	2018年9月	中国	美国	对美国600亿美元产品加征10%或5%的关税	反制美国的2000亿美元产品加征关税行为

资料来源：笔者根据彼得森国际经济研究所的文献整理。Chad P. Bown and Melina Kolb, "Trump's Trade War Timeline", Peterson Institute for International Economics: https://piie.com/system/files/documents/trump-trade-war-timeline.pdf.

贸易摩擦会从两个方面对世界贸易造成影响：一是直接影响，各国加征关税的行为将直接对进出口造成负面影响；二是间接影响，贸易摩擦带来的不确定性将影响企业投资决策进而影响世界经济增长，从而间接影响贸易增长。

贸易摩擦将对世界各国约4395亿美元的商品出口造成负面影响，约占世界货物出口总额的2.48%。假设贸易的价格弹性为2.47，以加征关税幅度为25%计算，并且这一加征关税幅度同样以25%的幅度反映到商品价格上涨幅度，则贸易摩擦将使世界货物贸易下降1.53个百分点。[1] 即便最保守的估计情况，假设价格弹性为1.03，加征幅度为10%，贸易摩擦也会使世

---

[1] 苏庆义分析了已有文献给出的贸易价格弹性的估算结果，本书根据其三种估算结果进行简单的加权平均得出。参见苏庆义《美国贸易制裁清单与中国反制的特点、影响及启示》，中国社会科学院世界经济与政治研究所IGT（国际贸易研究）系列讨论稿工作论文No.201805，2018年6月15日。

界贸易下降0.26个百分点。如果考虑到全球价值链分工形式，即产品之间的生产关联，贸易摩擦对直接加征关税商品的影响还会导致上游产品受到负面影响，从而对世界贸易造成更大的负面影响。

贸易摩擦还将通过影响投资决策影响世界经济增长，从而对世界贸易增长产生负面影响。根据美国亚特兰大联邦储备银行、斯坦福大学和芝加哥大学布思商学院8月联合开展的商业调查，有25%的工业企业会因为贸易摩擦带来的不确定性而改变自己的投资计划（重新评估、延迟或放弃投资），其中制造业企业改变投资计划的比例达到30%。[1] 国际货币基金组织7月的《世界经济展望》也指出，不断升级的贸易摩擦会打击商业和金融市场情绪，进而影响投资。

综合世界贸易组织、国际货币基金组织、巴克莱资本、标准普尔、英国央行等各机构对贸易摩擦影响世界经济增长的预测，我们认为贸易摩擦将导致世界经济增长下降1.14个百分点。[2] 如果以世贸组织预测的贸易收入弹性（1.3）估算，则世界经济增长下降时导致贸易下降1.48个百分点。

综合贸易摩擦带来的直接影响和间接影响，贸易

---

[1] http://econbrowser.com/archives/2018/08/guest-contribution-trumps-trade-policy-uncertainty-deters-investment.

[2] 根据中国国务院新闻办公室9月24日发表的《关于中美经贸摩擦的事实与中方立场》白皮书计算得出。

摩擦将使世界贸易下降3.01个百分点，如果考虑全球价值链分工形式，世界贸易甚至下降更多。即便保守估计，贸易摩擦也会使世界贸易下降1.74个百分点。这无疑会影响刚刚复苏的世界贸易形势。

三 总结

中美贸易摩擦对中国外贸的影响具有滞后性，在2018年底才开始显现，并延续到2019年。同样，世界范围的贸易摩擦对世界贸易的影响也具有滞后性，并延续到2019年。但是，也不应该忽视贸易摩擦的长期影响，如果贸易摩擦不能在短期内缓解，则中国外贸和世界贸易还会遭受较大的影响。

第二章　服务贸易篇

纪　石　倪月菊

2018年，中国服务贸易发展明显提速，服务进出口规模创历史新高，出口服务贸易结构不断优化。尽管服务贸易逆差仍有所扩大，但延续了2017年服务出口增速超过进口的态势，逆差状况基本稳定。物联网、云计算、大数据、人工智能、5G等新技术的不断涌现和初步应用使中国服务出口在电信、计算机和信息服务下的增速最为突出；中华文化在世界上影响力的逐步扩大和海外"汉语热"的兴起使个人、文化和娱乐服务增长迅速；知识产权使用费进口增幅较大，反映了中国对高端生产性服务的迫切需求。2018年中美经贸摩擦给服务贸易的发展带来了不确定性。目前，中美经贸摩擦仅局限在双边货物贸易领域，但如果摩擦扩大到双边直接投资和服务贸易领域的话，必将对中国的服务贸易发展产生一定的影响。尽管世界经济增长仍充满了不确定性,但是中国经济稳中向好的基本面和一系列配套政策的出台将给未来服务贸易的发展带来有力支撑。2018年是服务业高质量发展和新政密集出台的一年,政策力度之大,密度之高,前所未有。"一带一路"倡议实施以来,中国企业与"一带一路"相关国家签订工程承包合同,助力基础设施建设,成果丰硕,在工程承包方面的服务出口稳步增长。"一带一路"倡议的不断推进将对技术、文化和旅游相关方面的服务进出口起到一定的带动作用。

一 2018年中国服务贸易发展的总体情况

2018年,中国服务贸易发展明显提速,服务进出口规模创历史新高。商务部数据显示,全年服务贸易进出口总额为7918.8亿美元,同比增长13.8%。其中,全年服务出口总额为2668.4亿美元,同比增长16.9%,实现了2011年以来的出口最高增速;进口总额为5250.3亿美元,同比增长12.2%。

出口方面,物联网、云计算、大数据、人工智能、5G等新技术的不断涌现和初步应用,使电信、计算机和信息服务的出口增速最为突出。2018年,计算机和信息服务出口同比增长69.4%,出口总额达470.5亿美元。中华文化在世界上影响力的逐步扩大和海外"汉语热"的兴起,使个人、文化和娱乐服务同样增长迅速,出口同比增长59.8%,出口总额达到12.1亿美元。随着文化产业在国民经济中比重的增加,该项目下的服务贸易出口具有很大的发展潜力。"一带一路"倡议实施以来,工程承包是服务贸易发展的亮点。中国企业在"一带一路"相关国家新签对外承包工程项目合同7721份,新签合同额1257.8亿美元,占同期中国对外承包工程新签合同额的52%;完成营业额893.3亿美元,占同期总额的52.8%,同比增长4.4%。随着中国企业更多的"走出去","一带一路"倡议必将引领中国新一轮对外开放。

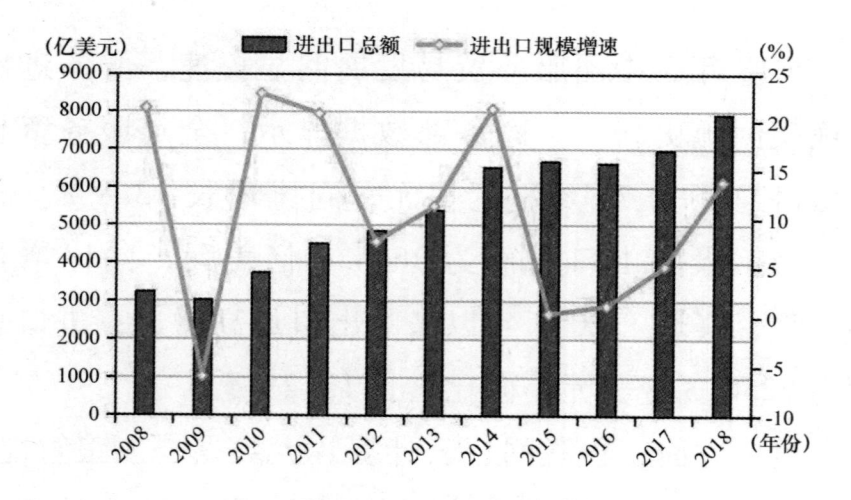

图2-1 2008—2018年中国服务进出口总额走势

资料来源:商务部数据中心。

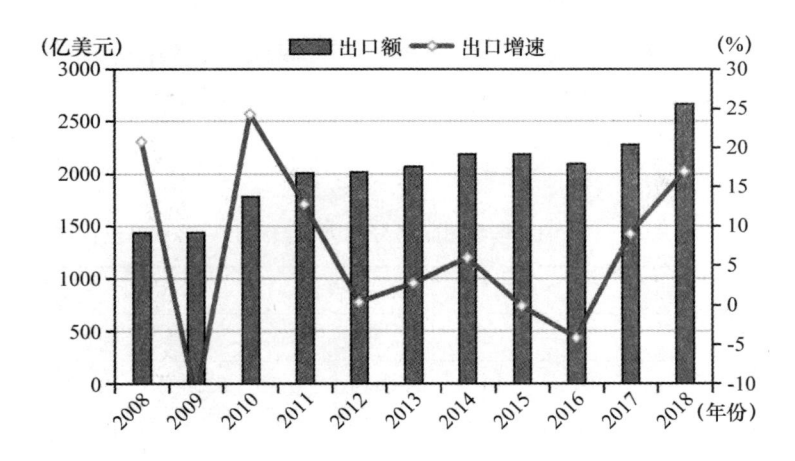

图 2-2　2008—2018 年中国服务出口走势

资料来源：商务部数据中心。

进口方面，旅行仍是中国服务进口最多的项目，进口总额达 2768.3 亿美元，同比增长 8.6%。由于高端生产性服务需求增长旺盛，知识产权使用费进口额为 355.9 亿美元，增长 24.5%；技术服务进口额为

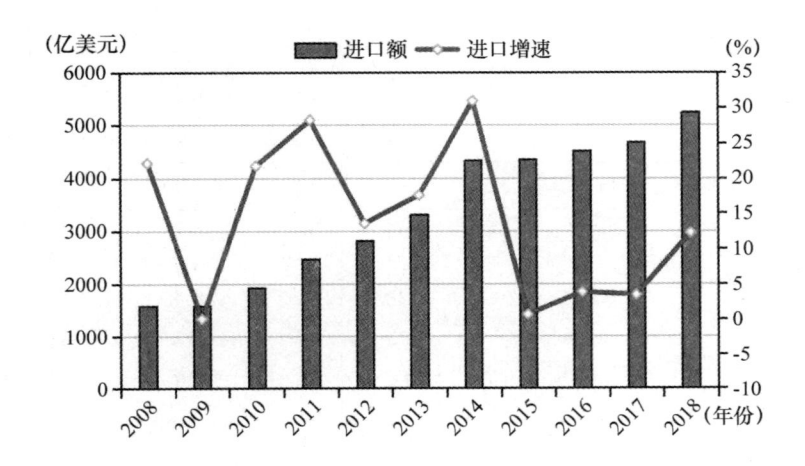

图 2-3　2008—2018 年中国服务进口走势

资料来源：商务部数据中心。

126.8亿美元，增长10.1%，反映了中国对高端生产性服务的迫切需求。

表2-1　　　　2018年中国服务分类进出口统计　　单位：亿美元、%

服务类别	进出口金额	进出口同比	出口金额	出口同比	进口金额	进口同比	贸易差额
总额	7918.8	13.8	2668.4	16.9	5250.3	12.2	-2581.9
运输	1505.9	15.7	423.0	14.0	1082.9	16.5	-659.9
旅行	3162.9	7.7	394.5	1.7	2768.3	8.6	-2373.8
建筑	351.8	8.2	265.8	11.1	86.0	0.3	179.8
保险服务	168.0	16.2	49.2	21.6	118.7	14.1	-69.5
金融服务	56.0	5.4	34.8	-5.7	21.2	31.1	13.6
电信、计算机和信息服务	708.2	50.8	470.5	69.4	237.6	23.9	232.8
计算机和信息服务	671.5	54.8	449.5	73.0	221.9	27.7	227.6
知识产权使用费	411.5	23.4	55.6	16.7	355.9	24.5	-300.2
个人、文化和娱乐服务	46.0	31.1	12.1	59.8	33.9	23.2	-21.7
维护和维修服务	97.1	18.5	71.7	21.1	25.3	11.7	46.4
加工服务	176.8	-3.0	174.2	-3.5	2.6	48.5	171.6
其他商业服务	1171.8	12.2	698.9	13.5	472.8	10.3	226.1
技术相关服务	301.1	13.9	174.3	16.8	126.8	10.1	47.5
专业管理和咨询服务	519.1	9.7	338.3	8.7	180.8	11.7	157.5
研发成果转让费及委托研发	163.5	19.6	92.9	16.6	70.6	23.8	22.3
政府服务	62.2	20.6	17.5	3.0	44.7	29.3	-27.1

资料来源：商务部数据中心。

服务贸易逆差方面，2018年服务贸易逆差总额为2581.9亿美元，同比扩大7.8%。但自2017年服务出口增速首次超过进口增速以来，服务贸易逆差增速有所放缓。旅行仍是最大的逆差来源，逆差总额为2373.8亿美元，占比达到91.9%，旅行出口同比增长1.7%，进口同比增长8.6%，因其出口增速与进口增速的差距较大，因此旅行项目下的巨额逆差没有收窄趋势，成为影响中国服务贸易失衡的最重要的因素。运输是第二大服务贸易逆差来源，出口总额423亿美元，进口总额为1082.9亿美元，逆差659.9亿美元，占比25.6%。知识产权使用费是第三大逆差来源，逆差总额为300.2亿美元，进口同比增长达24.5%，反映了中国高质量发展对高端生产性服务的需求旺盛。可见，中国的服务贸易逆差主要集中在运输、旅行、知识产权使用费等领域，反映了中国与货物贸易相关的国际航运、货运保险和先进技术的竞争力不强。

从服务贸易区域分布来看，服务贸易区域发展相对集中，服务贸易创新试点地区占比提升，东部地区进出口规模持续扩大。17个服务贸易创新发展试点地区服务进出口合计39870.1亿元人民币，占全国的比重为76.7%，高于全国服务贸易平均增速5.1个百分点。其中，服务出口和进口额分别为13749.9亿元人民币和26120.2亿元人民币，分别增长18.1%和

(亿美元)

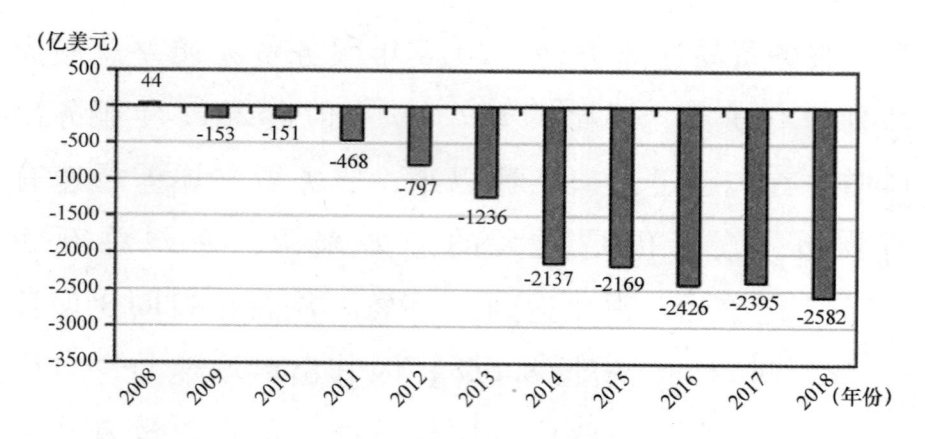

图 2-4 2008—2018 年中国服务逆差走势

资料来源：商务部数据中心。

15.8%，均高于全国平均增速。这表明国家出台的支持服务贸易创新发展的政策效果正在显现，对于稳预期、促增长发挥了重要作用。东部沿海 11 个省市的服务进出口合计 45037.6 亿元人民币，占全国比重为 86.6%。上海、北京和广东的服务贸易进出口额均过万亿元，居全国前三位。中西部地区服务贸易进出口合计 6952.4 亿元人民币，增长 4.8%，占全国比重 13.4%。这表明区域之间的服务贸易发展仍然很不平衡。

从世界范围来看，2018 年，世界各主要经济体服务贸易进出口延续了 2017 年的增长态势，中国服务贸易进出口增速高于世界其他主要经济体，[①] 服务贸易规模高于德国、英国和法国，继续居世界第二位。

---

① 包括美国、英国、德国、法国和中国。

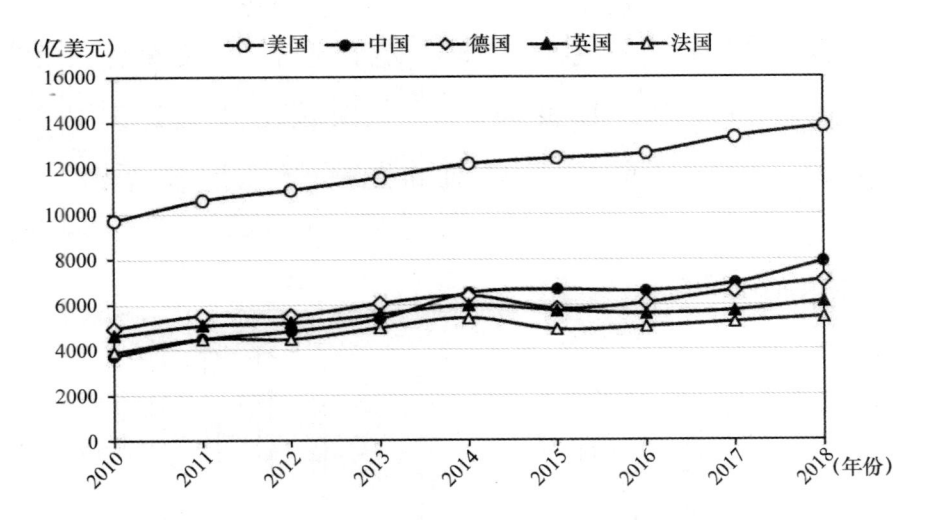

图 2-5 2010—2018 年世界主要经济体服务贸易规模走势

资料来源：世界贸易组织。

二　中美贸易摩擦对中国服务贸易影响分析

新一届美国政府在"美国优先"的口号下，实行单边主义、保护主义和经济霸权主义，打着缩减"贸易逆差"的旗号挑起贸易摩擦。2018 年 9 月 17 日决定对 2000 亿美元自中国进口的货物征收 10% 的关税是中美贸易摩擦的一个高潮。从美国对中国的征税清单上看，农产品及其制成品、化工产品、家具、纺织品、钢铁制品和机电产品是主要征收对象，并且主要是原材料、中间产品和一些劳动密集型产品，高技术产品占比不大。但是美国仅仅聚焦货物贸易逆差，而不顾服务贸易领域对中国巨额顺差的事实。目前，美国是中国服务贸易逆差的最大来源地,逆差主要集中于旅行、运输和知识产权使用费三个领域,并且逆差仍然在扩大。如果当前中美两国的国际分工地位不改变,

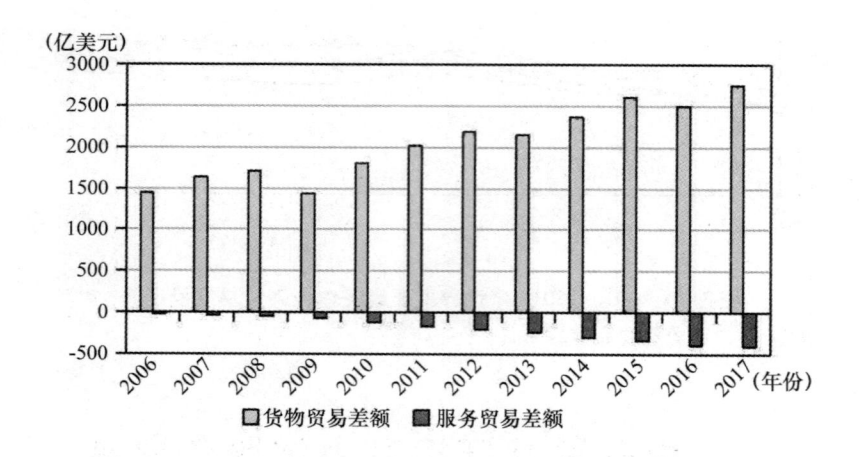

图 2-6 2006—2017 年中美贸易差额

资料来源:UN Comtrade。

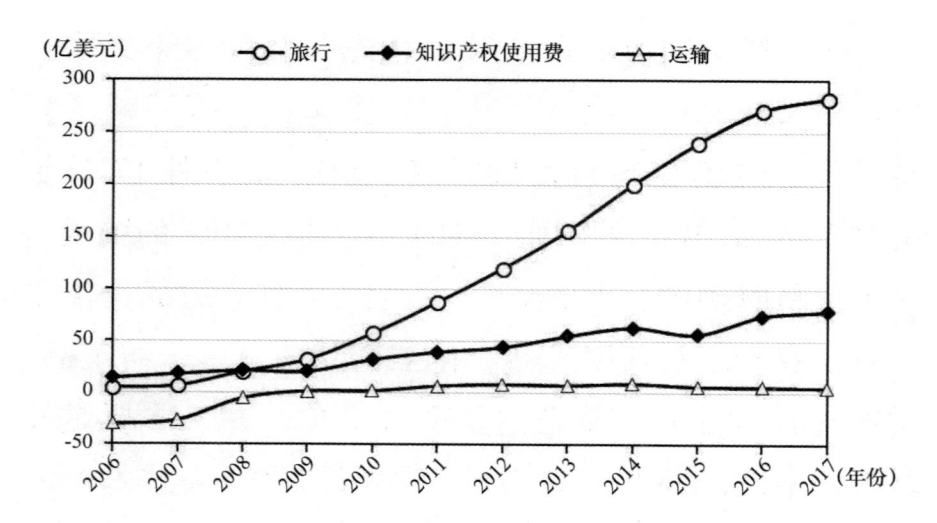

图 2-7 2006—2017 年中美运输、旅行、知识产权使用费上的贸易差额

资料来源:UN Comtrade。

那么美国对中国货物贸易逆差和服务贸易顺差的格局也不会改变，但是在逆差规模上有调整的空间。

贸易摩擦对货物贸易产生了直接冲击，使中美货物贸易规模缩小。货物贸易的减少，必然会对与货物贸易相关的服务进出口产生间接的影响，如保险和运输服务等，但对知识产权、技术、电信和计算机服务等部门的影响不大。美国贸易代表办公室发布的301调查报告直指"中国制造2025"，根本目的是遏制中国发展，限制中国的技术进步和科技创新，遏制中国制造在价值链上位置的提升。而这些目的的实现必然会波及投资和服务贸易领域，将影响美国对华高技术的出口、中国企业在美国的并购活动。中兴事件的发生宣示着这一趋势的必然。

在中美的第一次谈判中，美国政府向中国提出了要求，其主要内容包括：①要求减少美国对华贸易逆差。②要求中国降低进口关税等于或低于美国对同一货物的关税水平。③立即取消对"中国制造2025"确定的10个高科技制造业部门的补贴和其他政府支持。④取消对在华经营的外国公司的投资限制。⑤停止有关知识产权的特定政策和做法。⑥不反对、挑战和报复美国对中国对美技术和国家安全敏感部门投资实行的限制。⑦中国将把非关键部门所有产品的关税降到不高于美国同类产品的水平。中国认可美国可能对关键部门的产品进口施加限制或征收关税。⑧中国知道若未能履行本协议，美国将会对中国进口征税并采取其他适当措施。承诺将不会对此采取报复措施。中国代表团对美方的无理要求进行了坚决的回击，中方的立场是：①中国将降低从美国进口汽车和其他产品的关税，并大量进口美国的货物和服务，条件是美国采取如下后续行动：a）撤销对中国的高科技出口禁令，尤其是集成电路产品的出口限制；b）向中国的IT产品开放美国政府采购；c）在2018年5月31日之前恢复中国对美国的熟制禽肉出口。②通过以下措施增加双边服务贸易：双方成立服务贸易工作组；在海南自贸区向外资开放服务业（医疗保健、养老、建筑设计、环境保护等）；在15个地区开展跨境服务贸易试点；扩大中国对美国电影的进口。③加强与美国的知识产权合作，但中国在其入世协议下对合资和股比政策不应被视为"强制性技术转让"。④修订美国对中兴通讯的限制，确保半导体行业的全球供应链。⑤要求美国停止使用"替代国"作为对中国产品反倾销调查的基准。⑥终止301条款对中国知识产权问题的调查，并撤销调查下的任何关税计划；承诺在未来不对中国发起任何301条款调查。由此可见，谈判双方在降低美国对中国的贸易逆差和中国进一步开放市场这两个方面已经达成共识，具有进一步合作的空间，但在知识产权、技术转让、高技术产品的对华出口问题上还有很大的分歧。中美贸易摩擦的持续可能将不可避免地会波及投资和服务贸易领域，美国对华知识产权和技术服务的出口会受到影响。若中美能够达成协议，那么美国将扩大对华技术出口，服务贸易逆差会进一步扩大，但考虑到美国遏制中国技术进步的决心，在知识产权和技术方面达成对中国有利的协议的可能性比较小。因此，不排除中美贸易冲突常态化的可能。

尽管双方在高技术领域存在分歧，但服务贸易还包括旅行、工程服务等其他领域，随着两国的利益交汇点不断增加，贸易需求不断扩大，文化交流的不断增多，双边服务贸易规模进一步扩大仍将成为主要趋势。目前，美国政府和其他发达国家的政策转变使中国希望通过市场换技术、逆向工程、购买、海外并购等方式获取外国核心技术已经越来越困难。在这种情况下缩小同发达国家的技术差距，以满足中国经济高质量发展，自主创新成为中国企业唯一可靠的选择，并且自主创新也是中美贸易摩擦破局的关键所在。知识产权、技术、管理和咨询、电子、计算机和信息服务出口的增加是自主创新能力在服务贸易上的体现，目前这一趋势已经初步显现，相信只要沿着既定方针不断前进，发展中遇到的问题终会得到解决。

三 中国服务贸易发展趋势展望

尽管中美贸易存在着不确定性，但是政策利好的不断释放为中国服务贸易发展扫除了阴霾。2018年，习近平主席在博鳌亚洲论坛发表主旨演讲，宣布中国在决定扩大开放方面采取一系列重要举措，包括大幅放宽市场准入、创造更有吸引力的投资环境、加强知识产权保护、主动扩大进口。李克强总理在2019年政府工作报告中指出，"推动全方位对外开放，培育国际经济合作和竞争新优势。进一步拓展开放领域、优化开放布局，继续推动商品和要素流动型开放，更加注重规则等制度型开放，以高水平开放带动改革全面深化"。[1] 在吸引外资方面，李克强总理表示，"加大吸引外资力度。进一步放宽市场准入，缩减外资准入负面清单，允许更多领域实行外资独资经营。落实金融等行业改革开放举措，完善债券市场开放政策。加快与国际通行经贸规则对接，提高政策透明度和执行一致性，营造内外资企业一视同仁、公平竞争的公正市场环境"[2]。

---

[1] http://www.gov.cn/premier/2019-03/16/content_5374314.htm.

[2] Ibid..

2018年是服务业高质量发展新政密集出台的一年，相继发布了《深化服务贸易创新发展试点总体方案》《国务院关于积极有效利用外资推动经济高质量发展若干措施的通知》《外商投资准入特别管理措施（负面清单）》《自由贸易试验区外商投资准入特别管理措施（负面清单）》以及全国首份服务贸易负面清单《中国（上海）自由贸易试验区跨境服务贸易特别管理措施（负面清单）》，并于2019年对《鼓励进口服务目录》进行了修改，政策力度之大，密度之高，前所未有。这些政策将有力助推2019年中国服务贸易的发展。

为了使服务贸易保持快速稳定的增长，除了国家政策支持外，我们还应该在以下几个方面下功夫。

一是培育竞争优势。要顺应时代潮流，对重点领域集中力量突破。大力发展资本、技术密集型服务贸易，促进信息技术与服务贸易融合发展，积极培育金融、教育、医疗、保健等新兴服务贸易业态，优化中国服务贸易结构。适应供给侧结构性改革要求，支持发展研发设计、物流服务、采购与营销服务、会展服务、人力资源服务等生产性服务贸易，支持发展信息技术、业务流程和知识流程外包服务，提高中国服务贸易的技术含量和附加价值。引导企业开展保税物流、离岸金融、电子产品和飞机发动机检测维修等服务，推动加工贸易从生产型向"生产+服务"型转变。利用好外交部推介活动，向世界介绍展示各地城市风貌和中华文化，吸引外商投资。推进"孔子学院"等文化交流活动，海外"汉语热"的兴起将提高中华文化的国际影响力，有助于带动文化产品和旅游服务的出口。

二是提升国家在全球价值链的地位。首先要提高自主创新能力，推进供给侧结构性改革，在产品研发、设计和售后服务方面下功夫，向"微笑曲线"两端迈进。利用好"一带一路"平台，加强产业全球布局，构建新的价值链和产业链，提高分工地位。要充分发挥好进博会、服博会、软交会等专业类展会交易平台的促进作用。积极与主要服务贸易伙伴、"一带一路"沿线重点国别、具有独特产业优势的国家建立服务贸易合作机制，利用"一带一路"国际合作高峰论坛、金砖国家领导人会晤、上合组织峰会等平台，推动多边务实合作。

三是推动服务业双向开放。要落实好相关政策，尤其是要削减服务贸易壁垒，扩大服务进口，满足中国对高端服务的需求，推动经济高质量发展。上海发布的全国首份服务贸易领域负面清单具有示范意义，它进一步推动自贸试验区不断地扩大改革和扩大开放，有利于国家积极应对国际经贸格局变化，进一步融入全球价值链，提升服务贸易国际竞争力。深化服务贸易创新发展试点，深入探索适应服务贸易创新发展的体制机制、政策措施和开放路径，加快优化营商环境，最大限度激发市场活力。修订《鼓励进口服务目录》，在服务贸易创新发展试点地区，进口国内急需的研发设计、节能环保、环境服务，推进经济高质量发展。

　　四是要积极参与全球经贸规则重构，不断提高规则和制度话语权。当前，服务贸易是推动全球自由贸易进程的重点领域。近年来，世界贸易组织致力于全球性的规制协调和规制合作，推动各国改革国内体制，建立合理有效的监管体制和政策体系，促使国内监管与国际规制协调。尽管WTO下的多边谈判陷入僵局，但是CPTPP已于2018年底生效，APEC在2013年确定了《APEC互联互通框架》、在2014年制定了《亚太经合组织互联互通蓝图》，彰显了促进规制协调的决心。这些多边框架毫无疑问会对服务贸易的发展产生深刻影响。为此，中国应把握好深化国内改革和扩大对外开放的节奏，提出符合发展中国家发展利益的规则和议题，参与国际规则的制定。

第三章　商品结构篇

张　琳[*]

2018年，中国外贸进出口总额4.62万亿美元，同比增长12.6%，高于上年同期1.2个百分点，保持总体稳中向好趋势，进出口总额、出口总额、进口总额均创历史新高。从出口结构上看，机电产品出口占比提升，出口商品结构持续优化。2018年，机电产品出口增长7.9%，传统劳动密集型产品总出口3.12万亿元，增长1.2%。从进口结构上看，原油、天然气和铜等大宗商品进口量价齐升。其中原油进口增长10.1%，天然气进口增长31.9%，铜进口增长12.9%。2018年，中美贸易摩擦对中国重点商品的出口影响并不显著；但从中期来看，中美关系不稳定和政策不确定性会对中国外贸环境产生威胁，中国出口重点产品，如机电产品和劳动密集型产品，需警惕随

[*] 张琳，中国社会科学院世界经济与政治研究所助理研究员。

着产业链布局改变而出现结构性的调整。

一 2018年分商品类别的中国外贸概况

中国正在由贸易大国向贸易强国转变，货物贸易已经进入由中高速增长向高质量发展阶段。

从出口重点商品来看，外贸出口商品结构持续优化和升级，高附加值产品出口比重逐年提高，基本实现了从资源依赖型、劳动密集型向资本、科技密集型的转变。机电产品和传统劳动密集型产品是多年来中国最重要的两类出口产品。2018年，中国机电产品出口9.65万亿元人民币，同比增长7.9%，出口增速与上年同期相比下滑4.2个百分点，占出口总额的58.8%，比上年提升0.4个百分点。其中，汽车出口增长8.3%，计算机出口增长12.5%，手机出口增长9.8%，消费电子、机电产品和高新技术产品等高附加值产品占比明显提升。同期，服装、纺织、箱包、玩具等七大类劳动密集型产品[①]合计出口3.12万亿元人民币，增长1.2%，占出口总额的19%，比上年下降1.1个百分点，出口份额基本稳定。（见表3-1）

---

① 根据海关数据，七大类传统劳动密集型产品为纺织纱线、织物及制品，服装及衣着附件，家具及其零件，箱包及类似容器，鞋类，塑料制品，玩具。

表 3-1　　2018 年出口重点商品量值表

商品名称	计量单位	2018 年 数量	金额（千美元）	累计比上年同期 数量（%）	金额（%）
水海产品	万吨	425.4	22002.00	-0.3	5.5
大米	万吨	208.9	887.4	74.7	48.9
中药材及中式成药	万吨	12.8	1101.70	-17.6	-9.5
稀土	吨	53031.40	514.5	3.6	23.7
煤及褐煤	万吨	493.4	787.3	-39	-27.6
焦炭及半焦炭	万吨	975.4	2974.00	20.8	38.1
原油	万吨	262.7	1270.40	-46	-30.3
成品油	万吨	5863.50	35976.40	12.4	41.3
矿物肥料及化肥	万吨	2393.50	6998.70	-0.4	16.3
塑料制品	万吨	1311.90	43467.20	12.3	12.2
箱包及类似容器	万吨	316.3	27100.30	2	1.8
纺织纱线、织物及制品	—	—	119097.70	—	8.1
服装及衣着附件	—	—	157633.10	—	0.3
鞋类	万吨	448.2	46903.50	-0.4	-2.7
陶瓷产品	万吨	2260.20	21570.90	—	—
贵金属或包贵金属制的首饰	吨	697.4	13124.50	14.9	20.6
钢材	万吨	6933.60	60600.60	-8.1	11.2
未锻轧铝及铝材	万吨	579.5	16467.30	20.9	25.8
手持无线电话机及其零件	—	—	175602.60	—	8.4
集成电路	亿个	2171.00	84636.00	6.2	26.6
自动数据处理设备及其部件	亿台	14.7	171975.20	-4.4	8.7
电动机及发电机	亿台	27	11846.70	-3	9.8
汽车及汽车底盘	万辆	121.6	14853.60	17.6	11.3
汽车零配件	—	—	55022.50	—	10.8
船舶	艘	6899.00	21676.40	-13.9	4.6

续表

商品名称	计量单位	2018年 数量	金额（千美元）	累计比上年同期 数量（%）	金额（%）
液晶显示板	亿个	17.6	23185.10	-9.3	-10
家具及其零件	—	—	53685.00	—	7.6
灯具、照明装置及零件	—	—	30062.80	—	5.6
玩具	—	—	25084.50	—	4.5
*农产品	—	—	79323.30	—	—
*机电产品	—	—	1460724.90	—	10.6
*高新技术产品	—	—	746866.10	—	11.9

注：*号商品与中国海关统计数据完全一致。

资料来源：中国海关统计数据。

从进口重点产品来看，原油、成品油、天然气、铜和煤等多种大宗商品进口量价齐升，塑料、化肥、原木和纸浆等多种生产性原材料也同比增长，只有铁矿砂和大豆的进口量有所减少。2018年，中国进口原油4.62亿吨，增加10.1%，进口额2.40亿美元，同比增长46.7%；天然气进口9039万吨，增加31.9%，进口额0.39亿美元，同比增长65.3%；成品油3348万吨，增加13%，进口额0.20亿美元，同比增长39.1%；铜矿砂及其精矿进口1971.6万吨，增加13.7%，进口额为0.32亿美元，同比增长20.1%。2018年中国大宗商品进口增长受国际市场价格攀升的影响显著。能源性、资源性产品进口量大涨，这是中国经济繁荣、韧性强劲的体现。进口铁矿砂及其精矿

10.64亿吨,减少1%,进口额为0.76亿美元,下降1.3%。受国内钢铁产能过剩,产业结构调整的影响,铁矿砂及其精矿进口小幅下降。中美贸易摩擦中,大豆是中国反制清单中加征进口关税的重点产品,进口量有所减少。2018年进口约8803万吨,减少7.9%,进口额约为0.38亿美元,减少4%。(见表3-2)

表3-2　　　　　　　　2018年进口重点商品量值表

商品名称	计量单位	2018年 数量	2018年 金额(千美元)	同比增速 数量(%)	同比增速 金额(%)
鲜、干水果及坚果	万吨	564.7	8418.10	25.2	34.9
谷物及谷物粉	万吨	2046.90	5911.80	-20	-8.8
大豆	万吨	8803.10	38060.00	-7.9	-4
食用植物油	万吨	629	4727.70	9	4.3
铁矿砂及其精矿	万吨	106447.40	75539.60	-1	-1.3
铜矿砂及其精矿	万吨	1971.60	32313.90	13.7	20.1
煤及褐煤	万吨	28123.20	24606.10	3.9	8.6
原油	万吨	46190.10	240261.70	10.1	46.7
成品油	万吨	3348.10	20179.80	13	39.1
5—7号燃料油	万吨	1660.60	7543.60	23.3	67.5
天然气	万吨	9038.50	38479.60	31.9	65.3
医药品	万吨	15.3	29602.80	10.1	10.5
肥料及化肥	万吨	950	2719.10	4.9	17.8
初级形状的塑料	万吨	3284.40	56401.70	14.5	16.3
天然及合成橡胶(包括胶乳)	万吨	700.8	11227.50	—	—
原木及锯材	万立方米	9642.20	21115.10	3.9	5.6
纸浆	万吨	2478.90	19715.90	4.5	28.5
纺织纱线、织物及制品	—	—	17882.20	—	3

续表

商品名称	计量单位	2018年 数量	2018年 金额(千美元)	同比增速 数量(%)	同比增速 金额(%)
钢材	万吨	1316.60	16436.30	-1	8.3
未锻轧铜及铜材	万吨	529.7	37484.50	12.9	19.6
三废(废塑料、废纸、废金属)	万吨	2242.10	17020.30	-43.4	-24
金属加工机床	台	87978.00	9670.10	-0.8	10.7
自动数据处理设备及部件	万台	46919.30	32885.60	-7.2	19.3
二极管及类似半导体器件	亿个	5235.40	21653.20	1.2	4.9
集成电路	亿个	4175.70	312057.90	10.8	19.8
汽车及汽车底盘	万辆	113.6	50675.60	-8.4	0
汽车零配件	—	—	35100.60	—	10
空载重量超过2吨的飞机	架	468	27331.30	7.1	20.7
液晶显示板	亿个	21.5	26137.80	-10.8	-13.6
*农产品	—	—	136706.80	—	—
*机电产品	—	—	965561.30	—	13
*高新技术产品	—	—	671480.50	—	—

资料来源：中国海关统计数据。

二 2018年进出口重点商品的结构特征

(一)出口结构不断升级和优化，机电产品和高新技术产品仍为中国进出口贸易的重点产品

国际金融危机此后的十年间，中国的外贸出口结构呈现出显著变化，劳动密集型产品占比降至20%左

右，总体保持稳定。箱包、服装和塑料制品三类产品的出口份额下降最为显著，体现了劳动密集型产品内部的日益细化，以加工贸易为主的低附加值产品出口竞争力减弱，纺织、纱线通过提高产业机械化、研发创新产品、提高产品附加值，实现向价值链上游的攀

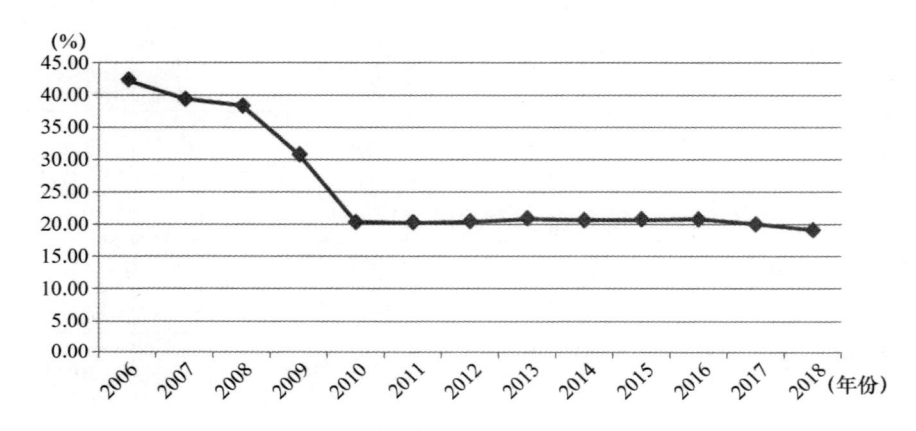

图 3-1 传统劳动密集型产品出口占比（2006—2018 年）

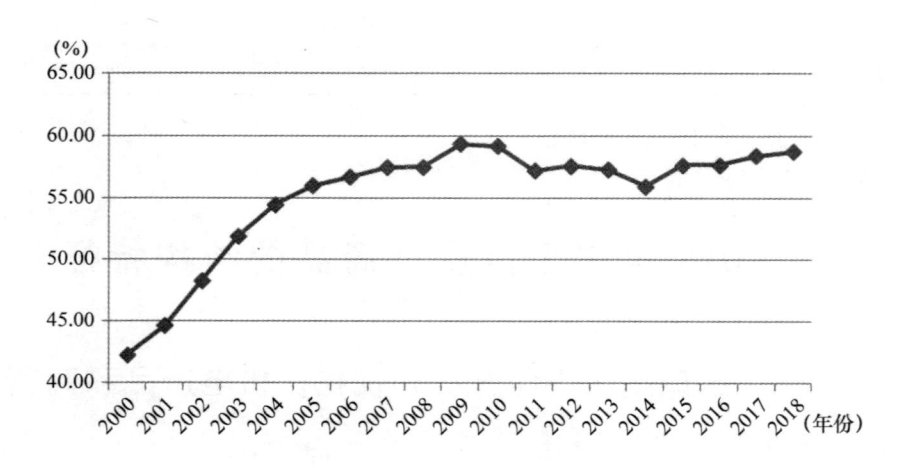

图 3-2 机电产品出口占比（2000—2018 年）

资料来源：中国海关统计数据。

升；玩具类产品通过自主品牌、自有渠道的方式扩大市场份额，提高产品竞争力，实现出口增长，占比有所扩大。

表3-3　　　　传统劳动密集型产品出口占比　　　　单位：%

年份	鞋类出口占比	箱包及类似容器出口占比	玩具出口占比	家具及其零件出口占比	服装及衣着附件出口占比	纺织纱线、织物及制品出口占比	塑料制品出口占比	传统劳动密集型产品出口占比
2006	2.25	8.98	0.73	1.77	9.82	5.04	13.73	42.32
2007	2.07	8.86	0.70	1.81	9.43	4.60	11.86	39.33
2008	2.07	9.74	0.60	1.88	8.37	4.57	11.06	38.30
2009	2.33	10.64	0.65	2.11	8.91	4.99	1.20	30.83
2010	2.26	1.14	0.64	2.09	8.21	4.88	1.18	20.40
2011	2.20	1.26	0.57	2.00	8.07	4.99	1.24	20.32
2012	2.28	1.24	0.56	2.38	7.77	4.67	1.54	20.45
2013	2.30	1.25	0.56	2.35	8.01	4.84	1.60	20.91
2014	2.40	1.16	0.60	2.22	7.95	4.79	1.58	20.71
2015	2.35	1.24	0.69	2.32	7.67	4.82	1.66	20.75
2016	2.25	1.19	0.88	2.28	7.52	5.01	1.70	20.83
2017	2.13	1.18	1.06	2.21	6.95	4.85	1.71	20.08
2018	1.90	1.10	1.02	2.18	6.39	4.83	1.76	19.16

资料来源：中国海关统计数据。

2009年起，中国连续8年成为世界第一大机电产品出口国，机电产品出口额占中国出口总额的55%以上。从机电产品内部结构来看，2018年，电器、电子产品占中国总出口的26.7%，机械设备出口占总出口的 17.27%，增速高于总出口平均增速，出口地位稳固，保持了较强的国际竞争力，是中国机械行业、电子行业转型升级成功的有力证明。2019 年第一季度，机电产品出口额 3.24 万亿美元，增长较为乐观。

表 3-4　　　　　　　　主要机电产品出口占比　　　　　　单位：%

年份	金属制品出口占比	机械设备出口占比	电器及电子产品出口占比	运输工具出口占比	仪器仪表出口占比	其他机电产品出口占比
2000	3.74	10.76	18.49	3.72	2.53	3.02
2001	3.86	12.62	19.28	3.53	2.42	2.93
2002	3.86	15.61	20.00	3.24	2.26	3.27
2003	3.63	19.04	20.30	3.56	2.41	2.95
2004	3.78	19.91	21.85	3.54	2.73	2.69
2005	3.87	19.65	22.62	3.73	3.34	2.80
2006	4.00	19.26	23.47	3.97	3.37	2.64
2007	4.06	18.73	24.61	4.51	3.04	2.51
2008	4.13	18.78	23.91	4.95	3.03	2.73
2009	3.78	19.64	25.06	5.00	3.24	2.63
2010	3.63	19.64	24.64	5.63	3.30	2.31
2011	3.78	18.64	23.48	5.75	3.20	2.34
2012	3.86	18.35	23.79	5.29	3.55	2.73
2013	3.82	17.35	25.42	4.55	3.38	2.77
2014	3.95	17.11	24.38	4.47	3.16	2.89
2015	4.20	16.03	26.15	4.72	3.24	3.31
2016	3.99	16.39	26.39	4.43	3.22	3.24
2017	4.07	16.95	26.45	4.63	3.12	3.18
2018	4.12	17.27	26.71	4.75	2.87	3.02

资料来源：中国海关统计数据。

（二）进口政策有效引导，商品结构更加合理

2018年，自外国进口的三废产品（废塑料、废纸、废金属）同比下降43.4%，进口下降24%，这是中国进口政策改变的重要体现。为了防止环境污染，中国2018年1月开始禁止生活类废塑料进口，2019年开始禁止工业类废塑料进口。海关数据显示，2017年中国进口废塑料达705万吨，2018年的全年进口量骤降为7.6万吨，同比下降99%。

中国仍是世界最主要的农产品进口国，主要进口农产品包括大豆、乳品、牛肉、葡萄酒、水果等。2018年，中国农产品进口1371.0亿美元，同比增长9.6%，贸易逆差573.8亿美元，同比增长14.0%。其中，水果进口量增长25.2%，2018年进口841.8万美元，同比增长34.9%。大豆进口8803.1万吨，同比下降7.9%，这也是7年来首次下降。2018年12月，中国大豆进口创2011年12月以来的新低。大豆进口下降的背后，折射出中国对大豆宏观需求的降低，增幅放缓；此外，受到中美贸易摩擦的影响，中国大豆进口多元化战略也在加快推进中。

消费类产品的进口显著提升。2018年，中国进口化妆品657亿元，增长了67.5%，进口水海产品794亿元，增长了39.9%，均快于整体进口增速。这一方

面源于降税的显著成效,另一方面则体现了国内市场消费升级,消费者对产品多样化、差异化、独特性的需求不断提升。

机电产品和高新技术产品进口增长同样显著,中国电子产业和高科技产业深度融入全球价值链,产品内的贸易越加重要。机电产品进口增长13%,其中,飞机进口468架,增长7.1%,进口额高达2.7亿美元,同比增长20.7%;汽车零部件增长10%,但汽车进口并没有增长。高新技术产品进口增长14.9%,其中,进口集成电路4176亿个,同比增长10.8%,进口额高达3120.58亿美元,同比增长19.8%,占中国进口总额的14%左右。

三 中美贸易摩擦对中国外贸商品结构的主要影响

美国总统特朗普于2018年6月15日批准对中国500亿美元产品加征关税,中美贸易战正式开始。迄今为止,美国已经公布并执行了三批加征关税的清单:第一份清单涉及818项、约340亿美元的商品,加征25%的进口关税,于2018年7月6日正式实施;第二份清单涉及新增279项、约160亿美元的商品,加征25%的进口关税,并于2018年8月23日生效;第三份清单涉及 6031 项、约 2000 亿美元的商品，加征 10% 的进口关税，于 2018 年 9 月 24 日生效。而 2019 年 5 月 10 日，美方将对 2000 亿美元中国输美商品加征的关税从 10% 进一步上调至 25%。至此，美国加征关税的产品占 2017 年全年中国对美国出口总额的 57.7%。

表 3-5　　　　　美国对华加征关税清单及涉及产品

生效时间	涉及金额/占 2017 年中国出口比重	清单产品类别
2018 年 7 月 6 日	340 亿美元/7.8%	无机化学品（包括医药）、机电产品（包括铁道车辆及其零部件、机械设备、运输设备）和光电产品（包括电子设备）
2018 年 8 月 23 日	160 亿美元/3.7%	机电产品（如摩托车、蒸汽轮机等）、润滑油、塑料、半导体和半导体制造机械等
2018 年 9 月 24 日	2000 亿美元/46.2%	电机电气设备、机械器具、生产性原材料（如棉花、纸板纸浆、木制品、煤炭、化学制品等），最终消费品（包括食品、纺织品、服装、箱包、家具、香烟、轮胎、猫狗粮等），和消费者电子产品（如电视机、冰箱等）

资料来源：笔者自制。

前两份清单针对的主要是中国的高端制造业和高新技术产品，如生物医药和医疗器械、航空航天与自动化、高铁装备、农机装备、数控机床、信息和通信技术、工业机器人和机械、半导体及芯片、船舶和海工装备等行业。其意图在于遏制中国高新技术产业发展和经济转型升级,实施"精准打击",引导制造业回流美国;而涉及2000亿美元产品的清单则范围更为广泛,几乎涵盖了中国所有重点出口商品。其产生的影响包括:

从短期来看,2018年7月美国实施的三份征税清单对中国出口的影响从2018年末开始显现。从图3-3可以看出,2018年12月,中国对美国机械和电子设备类产品出口出现下降,但同比增速仍为正,高于上年同期出口额,实际影响小于预期。这是因为贸易摩擦升级,短期"抢出口"现象明显。同时,2018年美国经济持续增长,拉动全球市场需求扩大,外需增加使得中国对外出口强劲。以上两点原因一定程度上对冲了美国加征关税的负面影响。

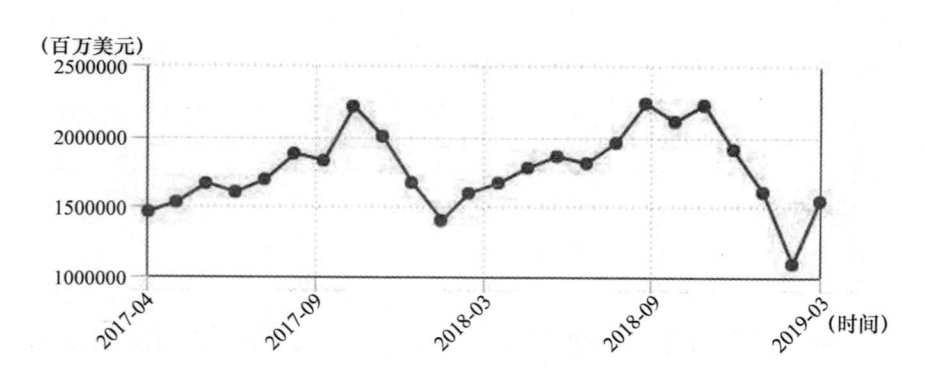

图3-3 中国对美国机电产品出口额(2017—2019年)
资料来源:CEIC数据库。

从长期来看,贸易政策和中美关系的不确定性是中国对外贸易中的主要风险,对中国贸易、经济的影响会在未来2—3年内逐渐凸显。首先,贸易不便利,比如跨境电商的物流、清关、仓储等环节效率降低,甚至抵制中国商品等,导致中国出口成本上升。其次,多重清单的效果叠加,不仅遏制中国的高新技术产品,还包括劳动密集型产品等传统产业,中国的制造业面临着产业回流至发达国家、向外转移至其他发展中国家的双重竞争局面,一旦4—5年后产业链转移形成规模,则会对中国实体经济和产业结构造成深刻影响。

四 结论及未来展望

中国正处于"百年未遇之大变局"之下,国内、国外环境都发生了深刻的改变。一方面,中国对外贸易增长的要素优势与环境优势发生了深刻变化,劳动力、土地、资金、环保等制造品生产成本普遍上升,这是中国推进经济结构调整和对外贸易转型升级的必然结果。另一方面,部分新兴市场国家凭借劳动力、土地等低成本优势,推动其中低端制造业发展,以及发达经济体实施"经济再平衡、再工业化"政策,促进部分中高端制造业回流,中国传统制造业面临着更为强劲的国际竞争压力;同时,针对中国的贸易保护措施日渐繁多、中美贸易摩擦背景下,中国外贸转方式、调结构更加迫切。因此，提出的政策建议包括：

国内政策促创新、培育新的贸易增长点。以推动制度性开放为契机，深度释放改革开放制度红利，激发保增长调结构政策的效力，进一步改善营商环境，提升市场主体创新能力，提高产品附加值，降低核心技术产品的对外依赖程度和进口规模。

减少大宗商品对外依赖程度，如大豆和小麦等可以加强推进国内生产，加大国产大豆和小麦的种植面积，也可以采取市场多元化，拓宽进口渠道和进口来源地，减少国际市场价格波动的不利影响。

中美贸易摩擦存在长期化趋势，并逐渐从双边向多边蔓延。应当加强国内自主研发力度，加大研发投入和创新制度保护，在关键性高技术核心产品领域，以自主创新、自有品牌、自主营销渠道的"三自产品"应对美国的遏制，培养高端技术人才，提高中国高新技术产业的核心竞争力。同时，还应拓展贸易市场多元化，以"一带一路"建设、扩大自由贸易朋友圈的方式抵御对美贸易的风险。

第四章　贸易方式篇

马　涛　王楠倩[*]

在2017年外贸发展取得显著成绩，贸易结构进一步优化的形势下，2018年中国对外贸易发展总体平稳，稳中有进。从贸易方式看，2018年中国贸易方式结构继续优化。具体特征主要体现在：一般贸易进出口整体呈上升趋势，占比有所增加；加工贸易进出口整体上升，占比有所下降；海关特殊监管区域物流货物贸易整体变化不大。

一　2018年贸易方式发展概况

中国海关的统计数据显示，2018年中国进出口总额为46229.5亿美元，比2017年增长12.6%。其中，

---

[*] 马涛，中国社会科学院世界经济与政治研究所副研究员；王楠倩，中国社会科学院研究生院硕士研究生。

进口额为 24870.4 亿美元，同比增长 15.8%；出口额为 21359.1 亿美元，同比增长 9.9%；贸易顺差为 3511.38 亿美元，同比收窄 16.9%。

本部分主要从贸易方式分析 2018 年中国对外贸易的发展情况。单纯从一般贸易和加工贸易的年度增长率来看，在 2014 年一般贸易和加工贸易的年度增长率基数不高的情况下，2015 年和 2016 年一般贸易和加工贸易连续两年出现负增长，2017 年两种贸易方式出现了正增长，2018 年一般贸易增幅再次升高，加工贸易年度增长率略微下降（如图 4-1 所示）。2018 年一般贸易增幅继续同比上升了 1.7 个百分点，呈现 2014 年以来最高增长率，加工贸易同比略微下降了 0.5 个百分点，这显示出 2018 年中国对外贸易稳中有进的态势得到进一步巩固。

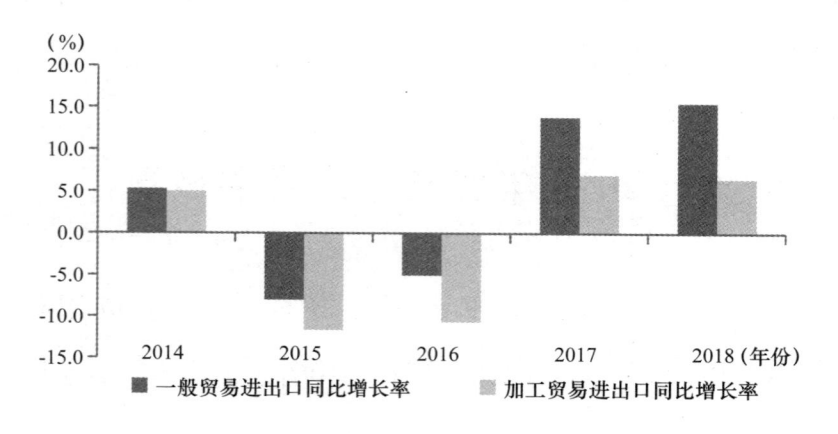

图 4-1 中国一般贸易和加工贸易的年度增长情况

资料来源：中国海关统计数据。

二 按贸易方式分析中国对外贸易发展

以下内容根据中国海关按照贸易方式划分的统计数据，分析了2018年中国对外贸易发展的情况，总结出中国对外贸易的三个基本特征：一般贸易进出口整体呈上升趋势，占比有所增加；加工贸易进出口整体上升，占比有所下降；海关特殊监管区域物流货物贸易整体变化不大。下文将围绕这三方面进行分析：

（一）一般贸易进出口整体呈上升趋势，占比有所增加

2018年中国一般贸易进出口额为26749.2亿美元，同比增长15.5%，占中国进出口总值的57.9%，比2017年提升1.5个百分点，贸易方式结构继续优化；其中，一般贸易出口上升13.9%，进口上升17.4%。一般贸易项下产生顺差1270.7亿美元。

首先，通过一般贸易月度进出口增长率和进出口分别在总进出口中的比重分析其变化情况。图4-2描绘了2018年各月的变化情况，我们发现，一般贸易进出口增速在一年当中出现了大幅波动，1—11月均为正增长，12月出现负增长，总体而言，一般贸易进出口呈稳步增加趋势。其中3月和11月增速在10%以

下,6月、8月、9月和10月增速在10%到20%之间,其他月份都以超过20%的速率增长,尤其是2月增长超过了30%。

其次,一般贸易进口占总进口的比重总体呈现下降趋势且下降幅度较小。1—4月的比重一直上升,尤其是4月的比重最大达到61.9%,5—10月的比重持续下降,其中8—10月的下降幅度相对较大,10月所占比重最小为55.4%。

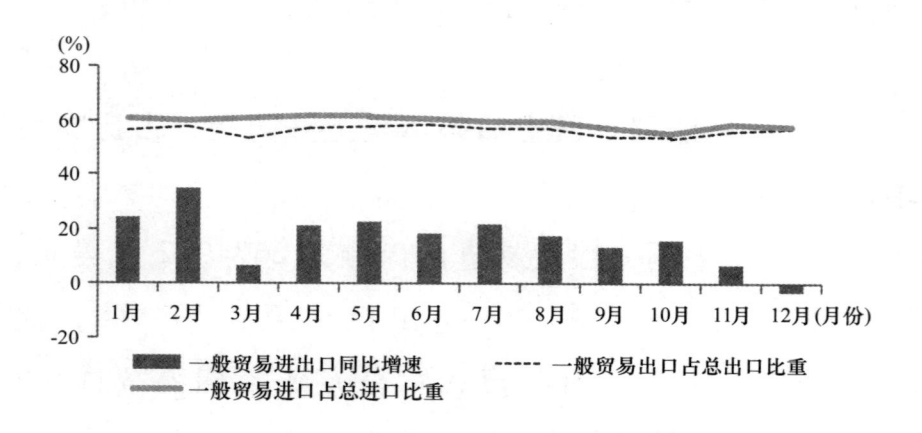

图4-2 2018年中国一般贸易进出口的月度变化

资料来源:中国海关统计数据。

最后,一般贸易出口占总出口的比重总体呈现上升趋势但上升幅度较小。一般贸易出口占比从2—3月先下降,然后从3月的53.6%连续上升到6月的58.7%,从7月开始一直下降到10月的53.4%,最后两个月又上升到57.1%。总体保持在54%—58%范围内波动，3月、6月和10月轻微超出范围。总体而言，一般贸易进口所占比重略高于一般贸易出口所占比重，3月到12月两者占比的变化趋势相似，都呈现先上升后下降的变化趋势，一般贸易进口占总进口的比重总体轻微下降，一般贸易出口占总出口的比重总体轻微上升。

（二）加工贸易进出口整体上升，占比有所下降

2018年，中国加工贸易进出口额为12675.5亿美元，[①] 同比增长6.5%，占中国进出口总值的27.4%，比2017年占比减少1.6个百分点。其中，加工贸易出口7971.7美元，同比增长5.1%，加工贸易进口4703.8亿美元，同比增长9.1%，加工贸易项下产生顺差3267.9亿美元，比2017年减少0.2个百分点。

下面我们具体分析中国加工贸易中来料加工装配贸易和进料加工贸易的情况。2018年，中国来料加工装配贸易进出口额为1795.5亿美元，同比上涨9.1%。其中，来料加工装配贸易出口额为878.2亿美元，同比上升9.9%；来料加工装配贸易进口额为917.3亿美元，同比上升8.3%。2018年，进料加工贸易进出口额为10879.9亿美元，同比上升6.1%，占中国进出口总额的23.5%，比2017年占比下降了5.8个百分点。

---

① 加工贸易额包括来料加工装配贸易额和进料加工贸易额。

其中，进料加工贸易出口额为7093.5亿美元，同比上升4.5%；进料加工贸易进口额为3786.5亿美元，同比上升9.3%。2018年进料加工贸易和来料加工装配贸易占进出口总值比重相对2017年有所下降，而且进料加工贸易所占比重的下降幅度高于来料加工装配贸易。2018年中国加工贸易进出口占比有所下降。

除此以外，我们还可以从外商投资企业作为投资进口的设备、物品，加工贸易进口设备等贸易项的变化看出中国加工贸易占比下滑的态势。2018年，外商投资企业作为投资进口的设备、物品进口额为34.4亿美元，该项从2017年恢复增长，到2018年再次下降，同比下降22.8%。2018年，加工贸易进口设备的进口额为10.6亿美元，同比上升41.7%。外商投资企业作为投资进口的设备、物品呈现下降趋势，加工贸易进口设备呈现上升趋势。

最后，我们再分析2018年加工贸易进口设备、外商投资企业作为投资进口的设备和物品的月度增长率的变化情况。从图4-3可以看出，加工贸易进口设备同比增长率在1—5月、10月为正增长，其他月份为负增长，正增长幅度较大，最高为2月的816.2%，从5月开始正增长幅度显著下降，保持在0—50%范围内变动。负增长幅度较小，最低为7月的-1.4%，变动平稳。另外，外商投资企业作为投资进口的设备和物品月度增长率从1—4月为正增长，其他月份一直是负增长，负增长幅度高于正增长幅度。总体而言，加工贸易进口设备、外商投资企业作为投资进口的设备和物品的月度增长率整体都呈现了下降的变化趋势。

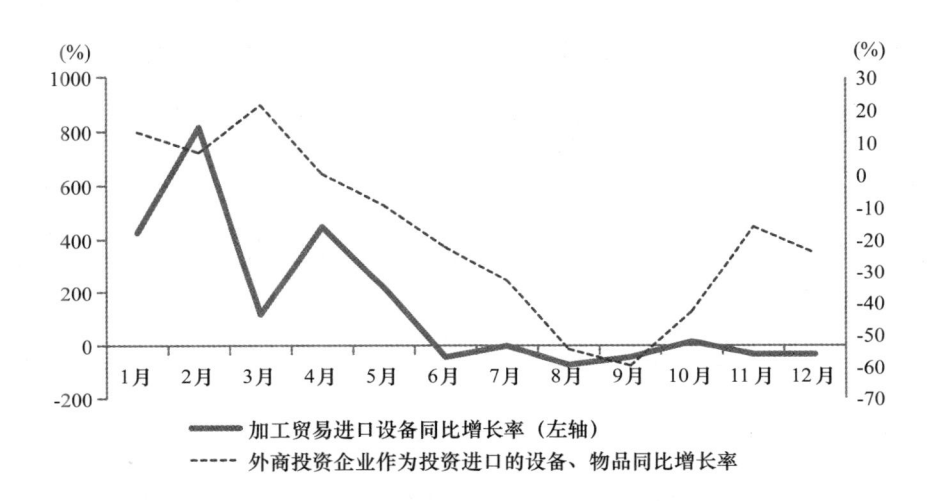

图4-3 2018年加工贸易和外商投资企业进口设备的月度增长变化

资料来源：中国海关统计数据。

（三）海关特殊监管区域物流货物贸易继续增长

从占进出口总额的比重来看，中国海关特殊监管区域物流货物贸易是仅次于一般贸易和加工贸易的贸易方式。2018年，海关特殊监管区域物流货物进出口额为3173.9亿美元，同比上涨17.1%，其中海关特殊监管区域货物出口额为1210.8亿美元，同比上升21.4%，进口额为1963.1亿美元，同比上升14.5%。海关特殊监管区域物流贸易项下产生逆差752.2亿美元，比 2017 年的 636.5 亿美元逆差扩大了 5.5%。2018 年海关特殊监管区域货物贸易进出口均呈现增长态势，且出口同比增幅大于进口，从上述数据可以看出海关特殊监管区域物流货物贸易继续增长的发展态势。此外，从图 4-4 的月度数据来看，该贸易项下的进出口额变化趋势相似，1—4 月、8—12 月出现较大的波动，4—8 月比较平稳，总体呈现上升趋势，且进口额远远高于出口额。

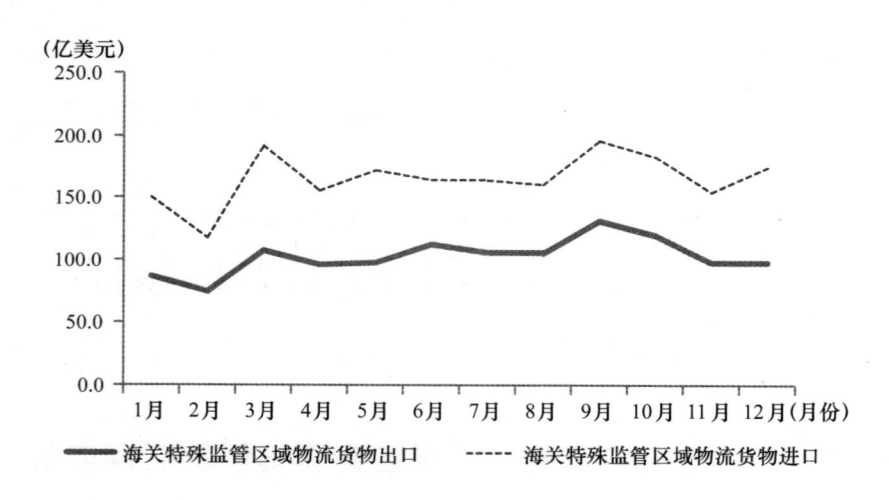

图 4-4　2018 年海关特殊监管区域进出口贸易额月度变化

资料来源：中国海关统计数据。

此外，与海关特殊监管区域货物贸易相关的边境小额贸易总体也继续增长，但相比 2017 年边境小额贸易的增长率，2018 年增长幅度下降明显。2018 年，中国边境小额贸易进出口额为 403.3 亿美元，同比上升

3.1%，其中出口额为311.2亿美元，同比上升2.9%，进口额为92.2亿美元，同比上升3.6%。

三　中美经贸摩擦对两国贸易方式的影响

在2017年中美两国贸易总量增加的背景下，中美两国发生贸易摩擦，2018年中美两国贸易总量继续增长，中美贸易顺差仍然有所扩大而且贸易方式结构基本不变，经贸摩擦影响有限。从贸易方式看，具体特征主要体现在：一般贸易呈现正增长，占比基本不变，一般贸易出口上升，一般贸易进口下降；加工贸易亦呈现正增长，占比基本不变，顺差扩大；海关特殊监管区域物流货物贸易有所增长、保税监管场所进出境货物小幅减少，两者逆差皆有所减少。

（一）2018年度中美贸易方式发展概况

中国海关的统计数据显示，2017年中国从美国进口额为1539.4亿美元，同比增长14.5%，中国对美国出口额为4297.6亿美元，同比增长11.6%，中国对美国产生贸易顺差2758.1亿美元，同比增长10.0%，占中国贸易顺差总额（4208.7亿美元）的65.5%。在中美两国发生贸易摩擦的2018年，中美两国的进出口总额为6335.4亿美元，同比上涨8.5%。其中，中国从美国进口额为1551.3亿美元，同比上升0.7%；中国对美国出口额为4784.1亿美元，同比上升11.3%；中国对美国产生贸易顺差3232.8亿美元，同比扩大17.2%。由此可见，在中美发生贸易摩擦的背景下，中美贸易总量继续增长，且中美贸易顺差仍然有所扩大。

根据贸易方式项下的相关数据，中国与美国的贸易方式结构基本不变。2018年，中美两国一般贸易进出口额为3389.8亿美元，同比上升8.7%，占中美进出口总值的53.5%，所占比重较2017年仅上升0.07个百分点；其中，一般贸易出口额上升15.1%，一般贸易进口额下降5.7%。中美一般贸易项下产生的顺差为1583.4亿美元。2018年，中美两国加工贸易进出口额为2216.1亿美元，同比上升7.1%，占中美进出口总值的34.9%，所占比重较上年下降0.05个百分点。其中，中国对美国的加工贸易出口为1961.6亿美元，同比上升6.0%，中国自美国的加工贸易进口为254.5亿美元，同比上升16.4%，中美加工贸易项下产生的顺差为1707.8亿美元，比2017年增加4.7%。如果单纯从一般贸易和加工贸易的年度增长率来看，2018年，中美一般贸易同比增幅为8.7%，加工贸易年度增长率为7.1%，这显示出2018年中美两国贸易总量仍然继续增长。

（二）经贸摩擦下的中美贸易方式发展

下文根据中国海关按照贸易方式划分的统计数据，

分析了2018年中美贸易发展的情况，数据分析可以得出中美贸易方式的三个基本特征：第一，一般贸易呈正增长，占比基本不变，一般贸易出口增长，一般贸易进口下降；第二，加工贸易亦呈现正增长，占比基本不变，顺差扩大；第三，海关特殊监管区域物流货物贸易有所增长，保税监管场所进出境货物小幅减少，逆差皆减小。下文将围绕这三方面进行分析：

1. 一般贸易呈正增长，占比基本不变，一般贸易出口增长，一般贸易进口下降

2018年，中美间一般贸易进出口额为3389.8亿美元，同比增长8.7%，占中美进出口总值的53.5%，所占比重较2017年上升0.07个百分点；其中，中国对美国一般贸易出口同比上升15.07%，中国从美国的一般贸易进口同比下降5.7%。中美一般贸易项下产生顺差1583.4亿美元。一般贸易占两国总贸易的比重与2017年相比基本不变，显示出两国以一般贸易方式为主的贸易结构平稳发展。

首先，通过中美一般贸易月度进出口增长率和进、出口分别在两国总进出口额中的比重分析其变化情况。图4-5描绘了2018年各月度数据的变化情况，我们发现，两国一般贸易进出口增速在一年当中出现了大幅波动，11月增速几乎停滞，3月、10月和12月出现负增长，特别是12月负增长率达16.7%，2月正增速

则高达40%以上，其他月份的增速都为正，总体一般贸易增长幅度持续减小。

其次，中美一般贸易进口占中国从美国总进口的比重，除了4月和7月有小幅上升以外其余月份均呈现逐渐下降的趋势。尤其是9—10月，占比从54.0%下降为41.7%，降幅明显。

最后，中美一般贸易出口占中国对美国总出口的比重总体保持平稳态势。其中，占比变化比较明显的分别是从2月的54.4%下降到3月的46.8%，从8月的52.3%下降到9月的48.5%，其他月份的比重保持在52%—55%之间。两国一般贸易进口所占比重略高于一般贸易出口所占比重。

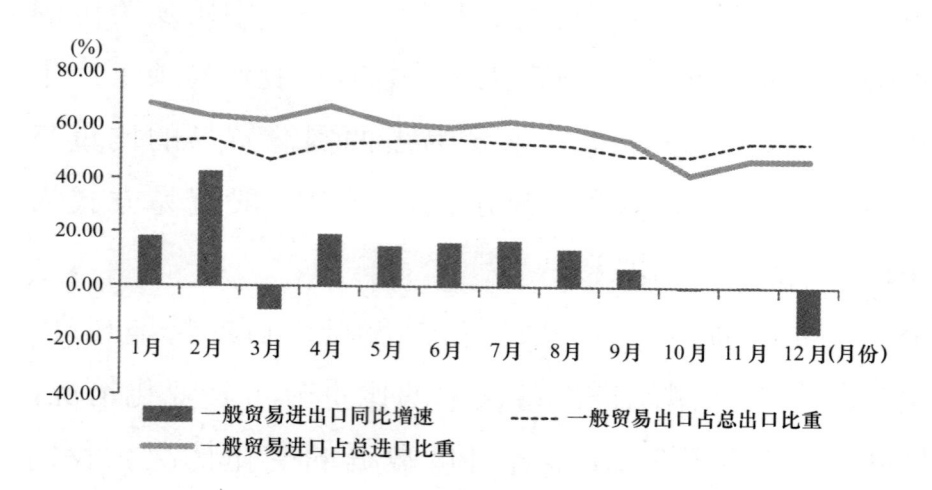

图4-5 2018年中美一般贸易进出口的月度变化

资料来源：中国海关统计数据。

2. 加工贸易呈正增长，占比基本不变，顺差扩大

2018年，中美加工贸易（包括来料加工装配贸易和进料加工贸易）进出口额为2216.1亿美元，同比上升7.1%，占中美进出口总值的34.9%，所占比重较2017年下降0.05个百分点。其中，中国对美国的加工贸易出口额为1961.6美元，同比上升6.0%；中国自美国的加工贸易进口额为254.5亿美元，同比上升16.4%；加工贸易项下产生顺差1707.8亿美元，比2017年增加4.7%。从上述数据可以看出，2018年中美加工贸易总量增长，占两国总贸易的比重与2017年相比基本不变，显示两国在加工贸易项下的贸易结构发展较为平稳。

下文具体分析中美两国加工贸易中来料加工装配贸易和进料加工贸易的情况。2018年，中国与美国来料加工装配贸易进出口额为254.6亿美元，同比上涨13.5%。其中，中国对美国来料加工装配贸易出口额为146.9亿美元，同比上升9.4%；中国从美国来料加工装配贸易进口额为107.7亿美元，同比上升19.5%。2018年，中美两国的进料加工贸易进出口额为1961.4亿美元，同比上升6.4%，其中，中国对美国的进料加工贸易出口额为1814.7亿美元，同比上升5.8%；中国从美国进料加工贸易进口额为146.7亿美元，同比上升14.3%。笔者对比发现，2018年中美两国在进料

加工贸易和来料加工装配贸易项下的进出口额占两国总进出口额的比重都有所增加，而且来料加工贸易占比的增加幅度要高于进料加工装配贸易的占比。

笔者继续分析与加工贸易紧密相关的外商投资企业作为投资进口的设备、物品和加工贸易进口设备这两个贸易项。2018年，中美两国外商投资企业作为投资进口的设备、物品进口额为1.5亿美元，同比下降77.5%，下降幅度较大。2018年，加工贸易进口设备的进口额为1.15亿美元，同比上升41.7%。中美两国外商投资企业作为投资进口的设备、物品进口总体下降，加工贸易进口设备的进口总体增加。

除此之外，笔者通过2018年中美两国外商投资企业作为投资进口的设备、物品和加工贸易进口设备同比增长率的月度数据来观察变化情况。从图4-6中可以看出，中美两国加工贸易进口设备同比增速从2月的200.1%大幅增长到3月的1134.0%，2—6月增长率又急剧下降，6—12月增长率在一定范围内轻微波动，2018年中美两国加工贸易进口设备月度增长幅度总体呈现减小的态势。另外，中美两国外商投资企业作为投资进口的设备和物品的同比增长率在1月和3月为正增长，其他月份都为负增长，总体变化比较平稳。最后，从以上两个贸易项月度增长率的变化来看，外商投资企业驱动的中美两国加工贸易在2018年保持总体平稳的发展态势。

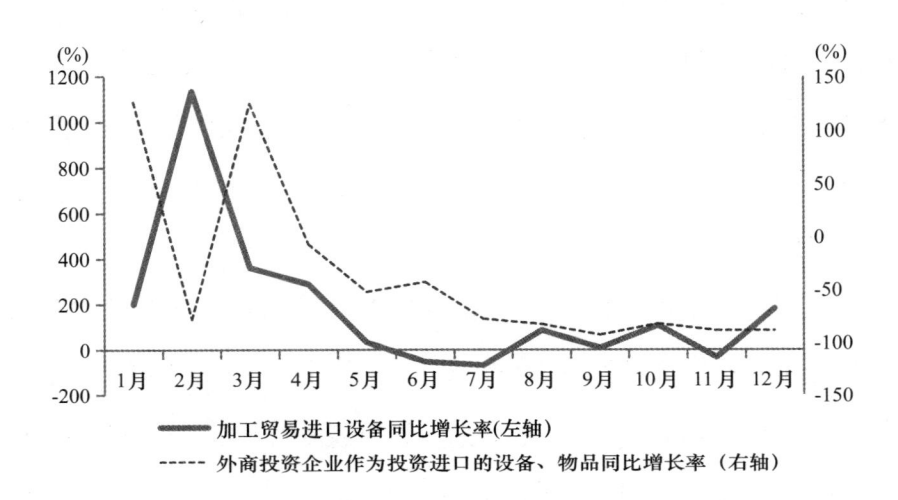

图4-6 2018年加工贸易和外商投资企业进口设备的月度增长变化

资料来源：中国海关统计数据。

3. 海关特殊监管区域物流货物贸易有所增长，保税监管场所进出境货物小幅减少，两者逆差皆有所减少

下文分析中美两国的海关特殊监管区域物流货物贸易和保税监管场所进出境货物分别占两国贸易总额的比重变化情况。2018年，两国海关特殊监管区域物流货物进出口额为494.5亿美元，同比上涨21.2%，其中，中国对美国海关特殊监管区域货物出口额为232.5亿美元，同比上升32.5%，进口额为262.0亿美元，同比上升12.7%。海关特殊监管区域物流贸易项下产生逆差29.5亿美元，比2017年的57.1亿美元

逆差减小了48.4%。2018年，两国保税监管场所进出境货物进出口额为147.9亿美元，同比下降4.2%，其中出口额为59.4亿美元，同比下降4.5%，进口额为88.6亿美元，同比下降4.0%。在此项下产生逆差29.3亿美元，比2017年的30.2亿美元逆差减小了3.2%。

从上述数据的分析可以看出，2018年两国海关特殊监管区域货物贸易有所增长，进出口均呈现增长态势，且出口同比增幅大于进口，表明两国海关特殊监管区域物流货物贸易趋势向好的方向转变。此外，根据图4-7的月度数据，可以清楚地看出，1—6月中美两国海关特殊监管区域货物贸易出口持续增加，而进

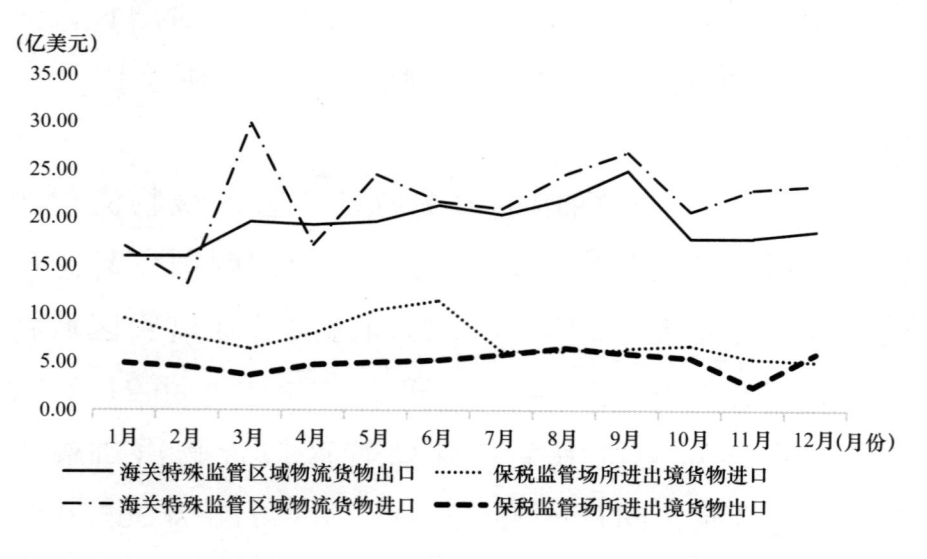

图4-7 2018年海关特殊监管区域、保税监管场所进出境货物贸易额月度变化

资料来源：中国海关统计数据。

口则呈现较大幅度的锯齿变化。6—12月两国海关特殊监管区域货物贸易的进口额和出口额变化趋势相似，进口额总体略微高于出口额，只有2月和4月出口额小于进口额。相比较而言，2018年两国保税监管场所进出境货物变化平稳，进出口变化趋势相似。

4. 经贸摩擦对中美贸易方式影响有限

由上述分析可知，2018年中美两国进出口贸易额继续增长，中美贸易顺差仍然扩大，体现了两国之间商品贸易的需求仍然强劲；从贸易方式的构成来看，两国间一般贸易、加工贸易在总贸易中的占比都基本不变，同时，海关特殊监管区域物流货物贸易和保税监管场所进出境货物所占比重分别有所提高和下降，总体而言中美双边贸易方式结构基本保持不变。由此可见，中美经贸摩擦对两国贸易方式产生的影响相对有限。

第五章 国别贸易篇

黄 蒙 东 艳

从高涨到低回，2018年的全球贸易经历了比较明显的转折，受全球工业生产增速下滑、美国等单边主义和保护主义加剧、新型市场经济体金融市场动荡的影响，全球贸易增速比2017年有比较明显的下降。在这样的背景下，中国全年对外货物贸易同比增长12.2%，其中出口增长9.2%，进口增长15.8%，货物贸易顺差收窄22.9%。分地区来看，中国与欧盟、北美、大洋洲、日韩等区域的贸易增速在平均值以下，与东盟、金砖国家和世界其他地区的贸易增速则在平均值以上。其中，进口增速的国别分化体现得尤为明显，中国自欧、美、日的进口增速大幅低于自东盟、金砖国家和世界其他地区。中国对外贸易的国别结构正处于深刻变化之中。

2018年的中美经贸摩擦对双方的经济、贸易和金融市场都造成了很大的影响。在2018年底"抢出口效应"逐渐结束之后，中美贸易正经历低谷。经贸摩擦不仅直接造成了中国外需的减弱和美国商品成本的大幅上升，还通过对预期的改变间接导致投资的下降和全球价值链的被迫重组，成为2018年下半年以来世界经济承压的重要原因之一。

2019年，中美经贸摩擦的前景仍不明朗，它对人们预期的深刻改变，将在长远的未来逐渐显现出来。中国将继续深化改革、全面扩大开放，进一步落实主动扩大进口等政策；第二届"一带一路"国际合作高峰论坛召开之后，"一带一路"建设也将进入全面拓展、提质增效的新阶段。通过这些努力，中国将构建更加安全的产业链条和更加广泛的国际经贸联系，进一步发挥世界经济稳定器的作用，推动全球共享增长与繁荣。

一 2018年中国国别贸易发展概况

（一）总体情况

表5-1　　　2018年中国（含香港）① 与主要贸易伙伴的贸易

金额与增长率　　　　　　　　　　单位：亿美元、%

国家或地区	进出口 金额	进出口 同比	出口 金额	出口 同比	进口 金额	进口 同比	顺差 金额	顺差 同比
世界	46287.6	12.2	24608.4	9.2	21679.2	15.8	2929.2	-22.9
欧盟	7725.5	9.9	4573.0	9.0	3152.5	11.4	1420.5	4.0
德国	2005.5	8.7	872.7	8.2	1132.8	9.1	-260.1	11.9
荷兰	970.0	8.7	819.6	8.8	150.4	8.1	669.2	8.9
英国	968.4	0.5	629.6	-4.7	338.8	11.6	290.8	-18.5
法国	742.3	12.7	352.3	7.8	390.0	17.5	-37.6	670.7
意大利	645.1	9.1	367.9	13.2	277.3	4.0	90.6	55.4
西班牙	369.1	9.4	271.2	9.9	97.8	8.2	173.4	10.8
欧洲其他国家	2025.0	16.5	1259.6	16.9	765.4	16.0	494.2	18.2
北美*	7792.8	9.2	5618.2	10.9	2174.6	4.9	3443.6	15.1
美国	7111.6	8.1	5243.0	10.9	1868.6	0.9	3374.4	17.4
加拿大	681.2	22.2	375.2	11.5	306.0	38.6	69.3	-40.2
大洋洲*	1827.7	10.3	584.0	13.0	1243.8	9.1	-659.8	5.9
澳大利亚	1645.7	9.7	519.6	12.9	1126.1	8.3	-606.5	4.6
新西兰	182.1	16.5	64.4	14.2	117.7	17.7	-53.3	22.3

---

① 鉴于内地与香港经济联系的紧密性，和香港作为转口贸易港暨内地重要贸易窗口的地位，我们认为，讨论中国与世界各国的贸易规模时，应将内地与香港数据合并计算。其中唯一需要注意的是总进出口的计算：中国总出口＝内地总出口－内地向香港出口＋香港总出口－香港向内地出口＝内地总出口＋香港总出口－内地与香港的总贸易额；中国总进口＝内地总进口－内地自香港进口＋香港总进口－香港自内地进口＝内地总进口＋香港总进口－内地与香港的总贸易额。如无特别说明，本表和下文所涉及的中国贸易数据都是包含香港的。

续表

国家或地区	进出口 金额	进出口 同比	出口 金额	出口 同比	进口 金额	进口 同比	顺差 金额	顺差 同比
东亚地区*	17535.4	11.0	7090.7	9.6	10444.7	12.0	-3354.1	17.6
日本	3790.8	6.7	1636.2	6.4	2154.6	6.9	-518.4	8.6
韩国	3568.0	11.2	1165.9	5.3	2402.2	14.4	-1236.3	24.4
中国台湾	2812.7	10.5	603.8	7.4	2208.9	11.4	-1605.1	12.9
东盟	7363.9	13.5	3684.9	12.9	3679.1	14.2	5.8	-86.1
越南	1669.6	19.1	945.6	15.5	724.0	24.2	221.6	-6.0
马来西亚	1372.4	19.8	498.8	9.9	873.6	26.3	-374.8	57.6
泰国	1128.5	7.3	563.4	8.5	565.1	6.1	-1.7	-87.5
新加坡	1356.3	5.8	615.0	9.4	741.3	3.0	-126.3	-19.6
印度尼西亚	834.5	19.9	464.0	21.3	370.5	18.2	93.5	35.3
菲律宾	706.3	6.8	389.3	9.0	317.1	4.3	72.2	35.9
金砖国家	4002.1	16.8	1992.0	9.9	2010.2	24.5	-18.2	-109.2
巴西	1155.2	25.8	352.7	15.7	802.5	30.9	-449.8	45.9
俄罗斯	1116.4	26.8	517.1	13.3	599.3	41.3	-82.2	-354.1
印度	1252.9	5.1	946.1	6.2	306.8	1.8	639.2	8.4
南非	477.6	9.6	176.1	10.4	301.5	9.2	-125.4	7.6
其他地区	7404.1	19.1	4750.6	6.3	2653.5	51.9	2097.1	-22.9
"一带一路"相关国家**	12678.0	16.3	7047.3	10.9	5630.7	23.9	1416.6	-21.7

注：（1）*本表对几个大区的具体划分不同于地理学的一般概念，而是包含了国际贸易领域的特殊考量，现陈述如下，下文皆同：①"北美"排除了墨西哥这个拉美国家，且排除了格陵兰岛等经济规模较小的岛国，仅包含美国、加拿大两国；②"大洋洲"仅包含澳大利亚和新西兰两国，排除了经济规模较小的岛国；③"东亚地区"对应国际经济学界通行的"East Asia"概念，包括中国地理学界习称的"东亚"和"东南亚"，但出于数据的可得性和相对重要性等原因，不包含属于这一地理区域的中国澳门、朝鲜、蒙古国和东帝汶。

（2）**"一带一路"相关国家与上面按地区分类的国家之间有交叉，且不包含香港数据。

资料来源：中经网统计数据库海关月度库、UNComtrade 数据库，经笔者整理。

（二）出口情况

如表 5-1 所示，2018 年中国出口同比增长 9.2%，对各地区出口增速的差异不大。其中，对北美、大洋洲和东盟的出口增速略高于平均值。

2018 年，受烈度空前的中美贸易摩擦影响，中国对美出口商纷纷抢先发单，以规避可能生效的关税。"抢关税窗口效应"到年末才渐渐消退，推动 2018 年中国对美出口逆势增长 10.9%。欧洲和部分新兴市场经济体的经济在 2018 年高开低走，年中后增速大幅下降，拖累了全年的进口增速。在贸易转移方面，根据年末数据的研究，[①] 如果中美现有的关税全部生效，则预计每年美国将有 1360 亿美元的进口被重新定向，而其中大部分与中国有关。

2018 年，欧洲经济走过了一段盛极而衰的旅程。前半年，欧洲经济延续了 2017 年的全面复苏态势，走向周期的顶点；后半年形势陡变，欧洲经济开始经历明显的下滑过程。但受益于欧洲经济的高度外向性，欧洲对外贸易仍有不错的表现。2018 年，中欧贸易保持了较好的增长态势，中国对欧盟出口同比增长

---

① Mary Amiti, Stephen J. Redding and David Weinstein, "The Impact of the 2018 Trade War on U. S. Prices and Welfare", NBER Working Paper 25672, March 2019, http://www.nber.org/papers/w25672.

9.0%。在欧洲经济规模最大的六个国家中，中国对意大利出口增速最大，同比增长13.2%，其次是西班牙9.9%、荷兰8.8%、德国8.2%和法国7.8%。对英国的出口则大幅下降了4.7%，连续第二年负增长。深陷"脱欧"泥淖的英国货币币值不稳，对国际产品的需求明显下滑。

中国对澳大利亚和新西兰的出口有较大增长，2018年同比增速为12.9%和14.2%，比去年分别高3.3个和8.0个百分点。

在美国单边主义的压力下，2018年中日关系有较大改善，两国高层对话和民间交往逐步加深。使中国对日出口增长6.4%，在2013—2016年负增长之后，连续第二年正增长，但增幅比去年收窄0.1个百分点。

作为亚太地区外需前沿经济体，韩国经济在2018年受到了全球增速放缓的拖累，缺乏上行动能。中国对韩国出口因此受到影响，2018年的增速仅有5.3%，比去年低3.9个百分点。

东亚区域是全球经济最有活力的地区。在2018年全球主要经济体的增长纷纷放缓的背景下，东盟仍然保持了强劲的增长态势，进而产生了旺盛的对外贸易需求。2018年中国对东盟出口增长12.9%，高于去年同期2.6个百分点。在东盟贸易规模较大的六个国家中，对印度尼西亚和越南的出口涨幅最大，分别为

21.3%和15.5%，其次是马来西亚9.9%、新加坡9.4%、菲律宾9.0%和泰国8.5%。总体而言，中国与东盟的经济合作继续深化，东亚区域作为全球经济引擎的地位将进一步增强。

金砖国家和"一带一路"相关国家等新兴市场经济体和发展中国家是2018年中国出口的一大亮点。

2018年俄罗斯经济继续温和增长，卢布汇率逐步走强，彻底摆脱了经济危机的阴影，表明美欧制裁的影响有限。且随着俄罗斯"向东看"的步伐明显加快，中俄经贸合作进一步加强，2018年中国对俄出口同比增长13.3%。中国对巴西、南非的出口增速分别为15.7%和10.4%。对印度的出口规模虽然是金砖国家中最大的，但受制于印度平衡中印贸易的努力，中国对印度的出口增长只有6.2%。

2018年，中国对"一带一路"相关国家出口增长10.9%，超过平均值1个百分点，表明中国与"一带一路"相关国家的贸易合作潜力正在持续释放，成为拉动中国外贸发展的新动力。

2018年，中国前十位出口目的地分别是：美国、欧盟、东盟、日本、韩国、印度、越南、德国、荷兰、英国。

（三）进口情况

2018年中国进口总额延续了上一年的大幅增长态

势，同比增长15.8%，比2017年的17.2%下降1.4个百分点。特别值得注意的是，与2017年进口总额在多种有利因素的共同作用下实现两位数的恢复性增长不同，2018年中国进口总额的高增长是在世界范围内经济增速放缓、贸易多边主义受阻、美国发动有史以来规模空前的贸易摩擦的背景下，相对2017年的高基准逆势取得的。这样的成绩可谓来之不易，彰显了中国进一步加大开放力度、助力全球经济繁荣、构建人类命运共同体的博大胸怀和坚定决心。

2018年中国自美国进口同比增长0.9%，低于中国进口增速14.9个百分点。而在2017年、2016年，前者只比后者低3.8个和3.7个百分点，2015年前者还比后者高7.2个百分点。相对于其他进口来源地，中国自美国进口的增速如此之低，绝不是经济力量的自发后果，而很明显是受到了2018年中美贸易摩擦的强烈影响。由于中国征收关税、基本停止进口的主要是美国的农产品，与美国有竞争关系的农业大国在2018年的对华出口都有较大的增长。2018年，中国自加拿大进口增长38.6%，自巴西进口增长30.9%，自新西兰进口增长17.7%，都受到了中美贸易摩擦的强烈影响。

中国自发达国家的进口增速明显低于新兴经济体和发展中国家。2018年，中国自德国、意大利、荷兰、日本等发达国家的进口增速分别为9.1%、4.0%、8.1%、6.9%，都比中国进口增速低6个百分点以上。只有自法国进口增长17.5%、自英国进口11.6%是个例外。仔细观察可以发现，在主要发达国家中德国、荷兰、意大利、日本的出口尤其以制造业产品为主。可以说，中国制造业在全球价值链上的快速提升正在有力地冲击传统制造业强国的出口。

中国自东盟进口总体增长14.2%，但具体到各个国家有较大分化：进口增速较慢的是新加坡（3.0%）、菲律宾（4.3%）和泰国（6.1%），较快的是马来西亚（26.3%）、越南（24.2%）和印度尼西亚（18.2%）。

从区域结构上看，近三年中国的进口更多地向北美、欧洲、东亚以外的地方转移，特别是"一带一路"相关国家。2018年，中国自"一带一路"相关国家的进口增幅为23.9%，自金砖国家进口增速为24.5%，自其他地区进口增速为51.9%，均远高于发达国家和地区。

2018年，中国前十大进口来源地分别是：东盟、欧盟、韩国、中国台湾、日本、美国、澳大利亚、巴西、俄罗斯和印度。

（四）贸易差额

由于进口增速显著高于出口增速，2018年中国贸易顺差为2929.2亿美元,相比2017年的3801.2亿美元,同比下降22.9%,连续三年保持两位数的负增长,相比2015年顺差峰值5451.5亿美元下降了46.3%。2018年中国贸易顺差的主要来源地是美国、欧盟、印度,而贸易逆差的主要来源地是中国台湾、韩国、澳大利亚、日本和巴西(见图5-1)。

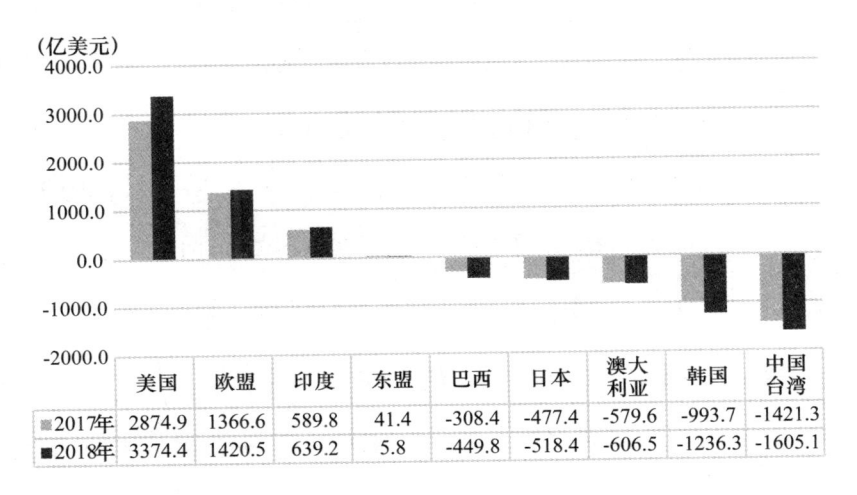

(亿美元)	美国	欧盟	印度	东盟	巴西	日本	澳大利亚	韩国	中国台湾
2017年	2874.9	1366.6	589.8	41.4	-308.4	-477.4	-579.6	-993.7	-1421.3
2018年	3374.4	1420.5	639.2	5.8	-449.8	-518.4	-606.5	-1236.3	-1605.1

图5-1 2017—2018年中国与主要贸易伙伴的贸易差额

资料来源:中经网统计数据库海关月度库、UN Comtrade数据库,经笔者整理。

2018年,中国对美贸易顺差并未像美国预想的那样收窄,反而大幅增长17.4%。这是两方面原因的结果:从出口来看,中国出口商纷纷在关税全面生效前抓紧出货,"抢关税窗口效应"使得中国全年对美出口量同比增长率高达10.9%,超过平均水平;从进口来看,互征关税及负面预期造成了进口的增长停滞,如中国在长达半年多的时间里基本上停止了美国大豆的进口，造成中国全年自美进口增长率仅有0.9%。两方面共同作用使得2018年中国对美顺差达到了3374.4亿美元的历史新高。当然，这个数值很大程度上反映了2018年的特殊情况，因而在中长期不具有代表性。

欧盟和印度分别为中国贸易顺差的第二、第三大来源地。2018年，中国对欧盟贸易顺差为1420.5亿美元，同比增长4.0%。中国对印度的贸易顺差多年来保持增长，2018年达到639.2亿美元，同比增长8.4%，占中国全部顺差的21.8%。值得注意的是，与2008年相比，中国对印度出口增加了1.5倍，自印度进口却只增长了10%，这才使得对印度顺差从2008年的108.7亿美元一路增加至2018年的639.2亿美元，增长了4倍多。印度对华出口规模仅相当于南非水平，还不如菲律宾、印度尼西亚，与印度的经济规模十分不相称，这也是印度对逆差问题长期保持关切、对中国输印产品频频发起贸易救济调查的原因之一。

2018年，中国对东盟贸易基本平衡。

2018年，中国贸易逆差的主要来源地是中国台湾、韩国、澳大利亚、日本和巴西。贸易逆差分别为1605.1亿美元、1236.3亿美元、606.5亿美元、518.4亿美元、449.8亿美元，与2017年相比分别增加了12.9%、24.4%、4.6%、8.6%和45.9%。中国大陆与中国台湾、中国与日韩长期保持贸易逆差,既与区域内分工有关,也要考虑到国家对台优惠贸易政策的影响。对澳大利亚和巴西的长期贸易逆差,则主要体现了中国对原材料和初级农产品的巨额需求。

(五) 十年来中国对外贸易国别结构的变化

表5-2　　2009—2018年主要贸易伙伴占中国出口的份额

单位:亿美元、%

国家/地区\年份	2009	2010	2011	2012	2013	2014	2015	2016	2017	2018
欧盟	23.3	22.7	21.3	18.8	17.7	18.1	17.9	18.6	18.6	18.6
德国	5.0	5.0	4.7	4.0	3.6	3.6	3.5	3.6	3.6	3.5
荷兰	3.4	3.5	3.4	3.2	3.0	3.1	3.0	3.1	3.3	3.3
英国	3.6	3.1	2.7	2.7	2.7	2.8	3.0	3.2	2.9	2.6
法国	2.1	2.1	1.9	1.6	1.5	1.5	1.4	1.4	1.5	1.4
意大利	2.0	2.2	2.0	1.4	1.3	1.4	1.4	1.4	1.4	1.5
西班牙	1.3	1.3	1.2	1.0	1.0	1.0	1.1	1.1	1.1	1.1
北美	23.1	22.4	21.0	21.3	20.6	20.6	21.8	22.0	22.5	22.8
美国	21.4	20.8	19.5	19.8	19.1	19.2	20.3	20.6	21.0	21.3
加拿大	1.7	1.6	1.5	1.6	1.5	1.4	1.4	1.4	1.5	1.5
大洋洲	2.3	2.3	2.3	2.2	2.2	2.1	2.3	2.3	2.3	2.4
澳大利亚	2.1	2.0	2.1	2.1	2.0	1.9	2.0	2.0	2.0	2.1
新西兰	0.2	0.2	0.2	0.2	0.2	0.2	0.2	0.3	0.3	0.3
东亚地区	27.1	26.5	26.7	27.4	27.7	27.8	28.2	28.5	28.7	28.8
日本	9.3	8.8	8.8	8.5	7.8	7.2	6.8	6.9	6.8	6.6
韩国	5.0	4.9	4.8	4.8	4.6	4.7	4.9	4.9	4.9	4.7
中国台湾	2.3	2.5	2.5	2.4	2.4	2.5	2.4	2.4	2.5	2.5

续表

年份 国家/地区	2009	2010	2011	2012	2013	2014	2015	2016	2017	2018
东盟	10.5	10.4	10.6	11.7	12.9	13.4	14.2	14.2	14.5	15.0
金砖国家	6.5	7.6	8.0	7.8	7.8	7.7	6.9	7.2	8.0	8.1
巴西	1.3	1.7	1.8	1.8	1.8	1.6	1.3	1.1	1.4	1.4
俄罗斯	1.5	2.0	2.2	2.3	2.4	2.4	1.6	1.9	2.0	2.1
印度	3.1	3.2	3.3	2.9	2.8	2.9	3.2	3.6	4.0	3.8
南非	0.7	0.7	0.8	0.8	0.8	0.7	0.8	0.7	0.7	0.7
其他地区	17.7	18.5	20.6	22.3	24.0	23.6	23.0	21.4	19.8	19.3

资料来源：中经网统计数据库海关月度库、UN Comtrade 数据库，经笔者整理。

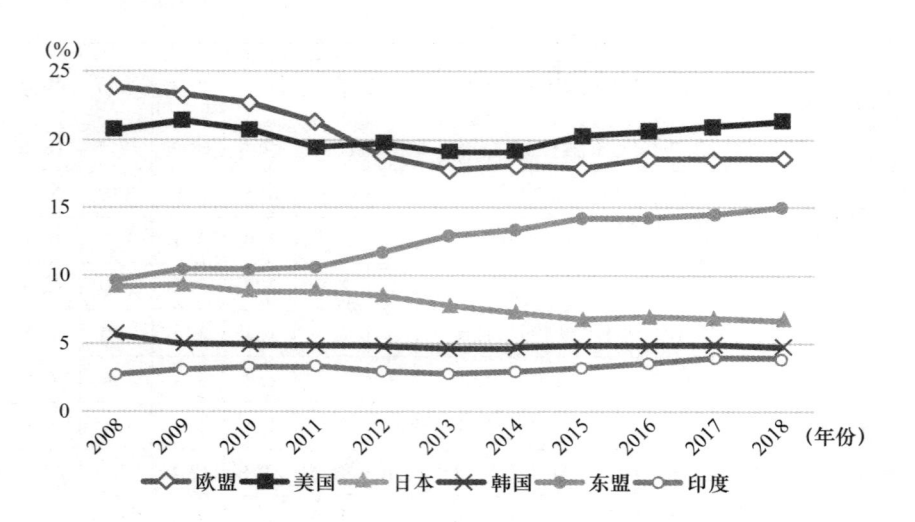

图 5-2　2008—2018 年中国主要出口对象占中国出口的份额

资料来源：中经网统计数据库海关月度库、UN Comtrade 数据库，经笔者整理。

作为世界第一大经济体，美国自 2012 年以来一直是中国第一大出口市场。2018 年美国占中国出口的份额为 21.31%，比 2017 年增加 0.33 个百分点，是 2013 年以来连续第五年保持份额增长，比 2008 年则增

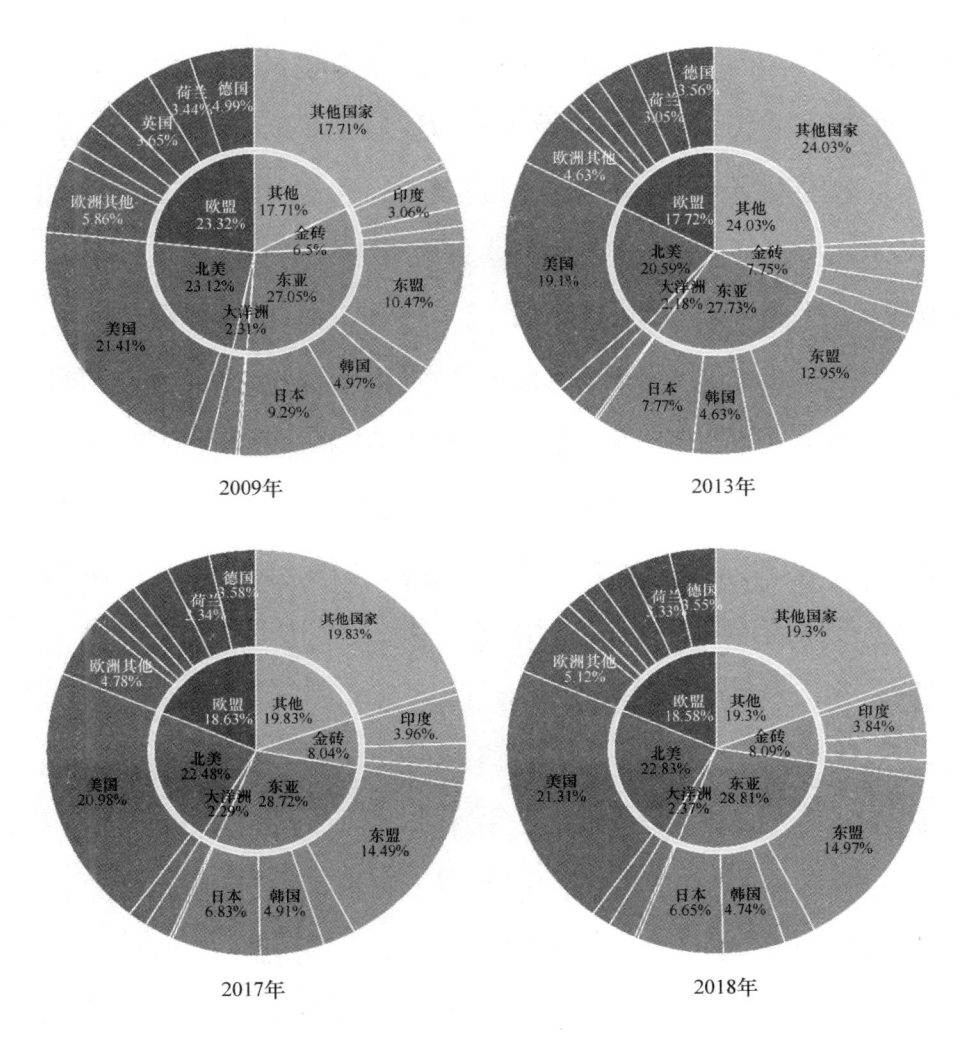

图 5-3 2009—2018 年中国出口国别（地区）结构

资料来源：中经网统计数据库海关月度库、UN Comtrade 数据库，经笔者整理。

加 0.56 个百分点。美国进口再创新高表明美国经济经历了 2008—2013 年的相对低谷后迅速复苏，可谓强大而有韧性。

2018 年，中国对欧盟出口占中国出口总额的 18.58%，比 2017 年略降 0.05 个百分点，与 2008 年相比下降5.27个百分点。总的来说，金融危机后的十年，欧洲复苏乏力，在经济规模上被美国迅速拉开了差距。其中，中国对德国、荷兰出口占比较高，分别为3.55%和3.33%。由于荷兰很大程度上居于德国的产业链上游，可以说德国直接与间接的需求占中国出口的5%以上。

东盟作为中国亚太地区重要的贸易伙伴，2018年是中国第三大出口目的地，中国对东盟的出口占出口总额的14.97%，比2017年增加0.48个百分点，比2008年增加5.35个百分点。随着中国与东盟关系的提升和东南亚经济的持续快速发展，双边经贸往来还有持续增长的潜力。

日本是中国第四大出口目的地。同欧洲类似，因金融危机后复苏乏力，近年来日本在中国出口中所占份额持续下降。2018年中国对日出口占中国出口总额的6.65%，比2017年下降0.18个百分点，与2008年相比下降2.49个百分点。韩国是中国第六大出口目的地，2018年中国对韩国的出口额占中国出口总额的4.74%，比2017年低0.18个百分点，与2008年相比下降0.89个百分点。

通过前文相关图表还可以看到，东亚地区一直是中国最主要的出口目的地。由于日本和东盟所占份额此消彼长，东亚地区在中国出口中所占份额基本稳定在26.5%至28.8%之间，变化不大。

印度在中国出口中所占份额迅速增加。2018年中国对印度的出口额占中国出口总额的3.84%，比2017年低0.11个百分点，但比2008年上升1.17个百分点。

表5-3　2009—2018年主要贸易伙伴占中国进口的份额　　　单位:%

年份 国家/地区	2009	2010	2011	2012	2013	2014	2015	2016	2017	2018
欧盟	15.0	14.0	14.1	13.8	13.4	14.5	14.7	15.2	15.1	14.5
德国	6.0	5.7	5.7	5.4	5.1	5.7	5.6	5.8	5.5	5.2
荷兰	0.7	0.6	0.6	0.6	0.7	0.6	0.7	0.8	0.7	0.7
英国	1.2	1.2	1.2	1.4	1.6	1.7	1.7	1.6	1.6	1.6
法国	1.6	1.5	1.5	1.6	1.5	1.6	1.6	1.7	1.8	1.8
意大利	1.4	1.3	1.3	1.2	1.2	1.3	1.4	1.4	1.4	1.3
西班牙	0.5	0.5	0.5	0.4	0.4	0.4	0.4	0.4	0.5	0.5
北美	10.6	10.0	10.0	10.5	11.1	11.2	12.3	11.5	11.1	10.0
美国	9.3	8.8	8.7	9.1	9.6	9.8	10.6	10.2	9.9	8.6
加拿大	1.3	1.2	1.4	1.4	1.5	1.4	1.7	1.3	1.2	1.4
大洋洲	4.3	4.7	5.1	5.3	5.9	5.8	5.1	5.3	6.1	5.7
澳大利亚	4.0	4.4	4.8	5.0	5.5	5.3	4.6	4.8	5.6	5.2
新西兰	0.3	0.3	0.3	0.3	0.4	0.5	0.4	0.5	0.5	0.5
东亚地区	52.6	51.5	46.9	45.8	43.6	44.8	48.8	50.9	49.8	48.2
日本	15.7	15.2	13.3	12.0	10.1	10.1	10.5	11.2	10.8	9.9
韩国	11.3	10.9	10.3	10.4	10.3	10.7	11.7	11.6	11.2	11.1
中国台湾	10.5	10.1	8.7	8.9	9.6	9.6	10.6	11.1	10.6	10.2
东盟	15.1	15.2	14.6	14.5	13.6	14.3	16.0	17.1	17.2	17.0
金砖国家	8.0	7.9	9.3	9.8	9.3	8.8	8.2	8.2	8.6	9.3
巴西	2.9	2.8	3.0	3.0	2.9	2.8	2.7	3.0	3.3	3.7
俄罗斯	2.1	1.9	2.3	2.5	2.1	2.2	2.0	2.1	2.3	2.8
印度	2.0	2.1	1.9	1.6	1.4	1.4	1.4	1.5	1.6	1.4
南非	0.9	1.1	2.0	2.8	2.8	2.5	2.0	1.6	1.5	1.4

续表

年份 国家/地区	2009	2010	2011	2012	2013	2014	2015	2016	2017	2018
其他地区	9.5	11.8	14.6	14.9	16.7	14.8	10.9	8.9	9.3	12.2

资料来源：中经网统计数据库海关月度库、UN Comtrade 数据库，经笔者整理。

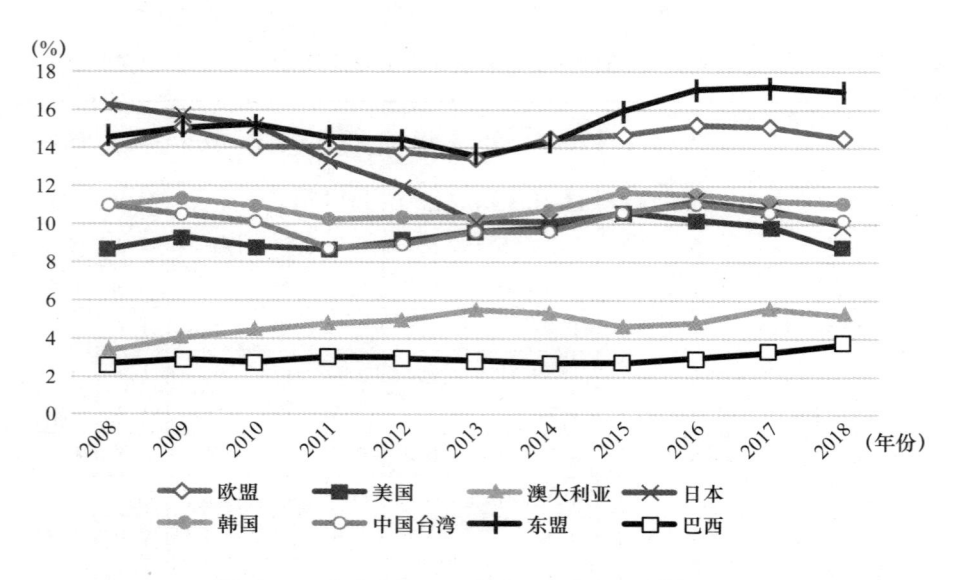

图 5-4 中国主要进口来源国占中国进口的份额

资料来源：中经网统计数据库海关月度库、UN Comtrade 数据库，经笔者整理。

东盟是 2018 年中国第一大进口来源地，中国自东盟的进口占中国进口总额的 16.97%，较 2017 年下降 0.2 个百分点，较 2008 年增加 2.4 个百分点。

欧盟是中国第二大进口来源地，2018 年中国从欧盟的进口占中国进口总额的 14.5%，比 2017 年降低 0.6 个百分点，比 2008 年增加 0.5 个百分点。其中德国是欧盟国家中中国最大的进口来源国，占中国进口

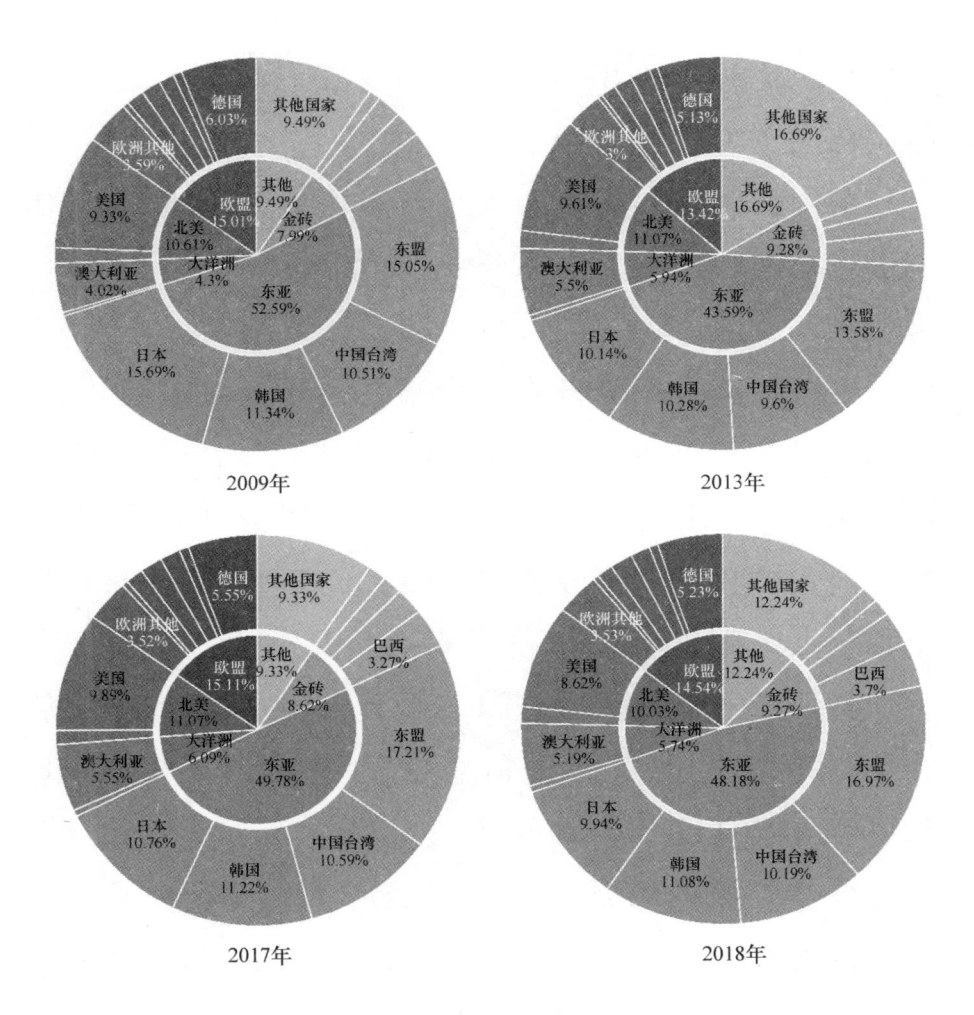

图 5-5 2009—2018 年中国进口国别（地区）结构

资料来源：中经网统计数据库海关月度库、UN Comtrade 数据库，经笔者整理。

总额的 5.2%。德国占中国自欧盟进口的比重远高于德国占中国对欧盟出口的比重，很大程度上显示了德国作为欧洲产业链最终集成者的地位。

韩国是中国第三大进口来源地，2018 年中国自韩国的进口占中国进口总额的 11.1%，比 2017 年下降

0.1个百分点。比2008年增加0.1个百分点，近年来波动幅度不大。

中国台湾是大陆第四大进口来源地，2018年占中国进口总额的比重为10.2%，比2017年下降了0.4个百分点。

中国进口中来自日本的份额在近十年中有巨大的下降。日本从2008年的中国第一大进口来源地下降为2018年的中国第五大进口来源地。2018年中国自日本的进口占中国进口总额的9.9%，比2017年下降0.9个百分点，比2008年下降了6.4个百分点。

美国是中国第六大进口来源地，受中美经贸摩擦影响，2018年占中国进口总额的比重为8.6%，比2017年下降了1.3个百分点。

与出口相同的是，东亚区域所占比重仍然最大。但进口来源地的分布相比出口市场要更加分散一些。

特别地，中国进口对美、欧、澳、新、日、韩以及中国台湾以外的发展中国家和地区的依存度近年来呈现明显的提升趋势，而出口对发展中国家和地区的依存度则呈下降趋势。与之相反的是，中国进口对"五眼联盟"（美、英、加、澳、新）的依存度近年来呈下降趋势，出口对"五眼联盟"的依存度则呈上升趋势。也就是说，中国在进口上对"五眼联盟"国家的依赖度虽然在下降，但仍然在很大程度上依赖它们

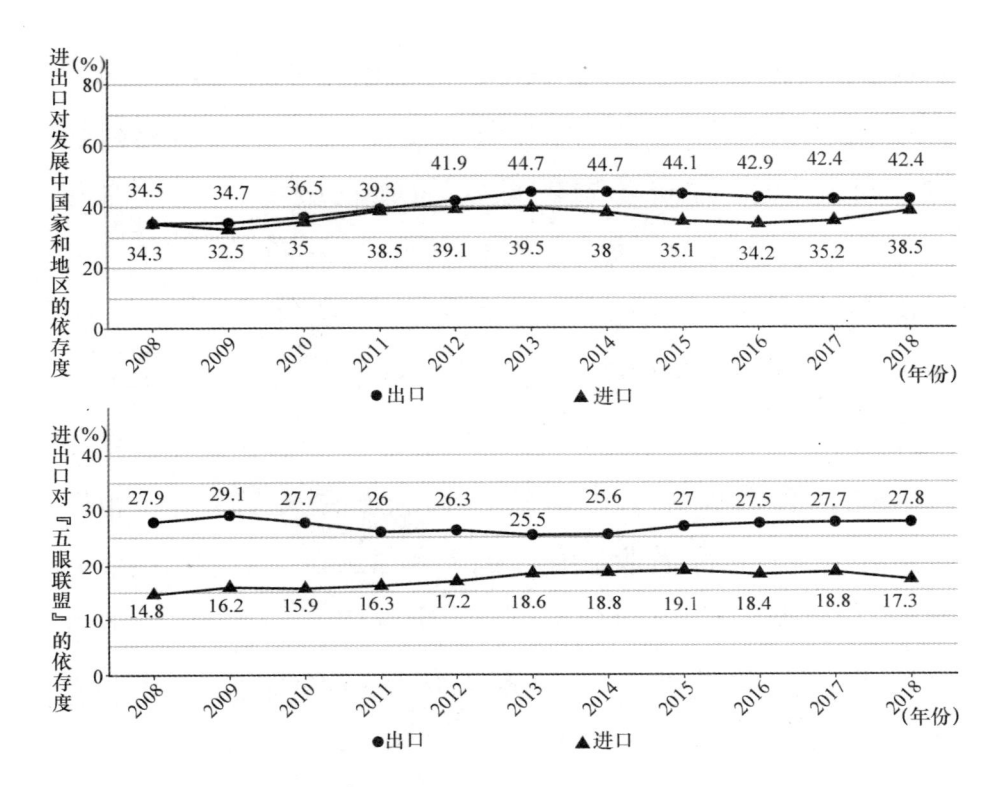

图 5-6 中国进出口对发展中国家和地区及"五眼联盟"的依存度

资料来源：中经网统计数据库海关月度库、UN Comtrade 数据库，经笔者整理。

的购买力促进中国的经济增长；相反，发展中国家提供的产品虽然对中国的经济运行变得越来越重要，但是它们的市场空间还比较有限，仍有进一步扩大的空间。

二 2018年国别贸易变化的主要特点与原因

（一）中国进口的快速增长

2018年中国进口同比增长15.8%，为全球贸易发展做出了重要贡献。① 进口增长的主要原因有：一是营商环境优化。2017年，中国陆续出台了一系列减税降费、优化口岸营商环境的政策措施，贸易便利化水平显著提升。据2018年10月世界银行发布的《2019年营商环境报告》，中国营商环境整体提升了32位，其中跨境贸易排名由97位跃升为65位，提升了32位。二是降低了药品、汽车及其零部件、日用消费品等进口关税，有效促进了进口的增长。三是外贸企业增加。有进出口实绩的企业，由2017年43.6万家提升到47万家，市场主体活力进一步提升。四是外贸市场多元化取得了积极进展，在与传统贸易伙伴保持良好增长速度的同时，也积极拓展与全球其他国家和地区的经贸往来，尤其是"一带一路"相关国家、非洲、拉丁美洲进出口增速分别高出了整体3.6个、6.7个和6个百分点。②

（二）中国进口的强劲增长对世界经济的稳定作用

在世界经济增长乏力的背景下，中国主动扩大进口、为全球其他地区创造外部需求对全球经济稳定具有重要意义。

---

① WTO, *Trade Statistics And Outlook*: *Global Trade Growth Loses Momentum as Trade Tensions Persist*, Geneva: World Trade Organization, April 2, 2019.

② 国务院新闻办公室2018年全年进出口情况新闻发布会。

中国对外贸易报告(2018—2019) 83

表 5-4　2009—2018 年中国进口对部分主要贸易伙伴的经济增长贡献率

单位：%

年份	2009	2010	2011	2012	2013	2014	2015	2016	2017	2018	十年均值
美国货物	4.58	4.13	2.22	0.98	1.91	0.26	-1.12	-0.07	1.84	-0.95	1.38
美国服务	-0.46	1.00	1.08	0.70	0.76	0.92	0.68	1.21	0.35	NA	0.69
美国货物与服务总计	4.12	5.13	3.30	1.68	2.67	1.18	-0.44	1.15	2.19	NA	2.33
欧盟	-0.55	6.07	6.11	2.93	3.45	3.49	0.75	-0.51	6.59	2.48	3.08
德国	-3.18	13.69	8.98	3.55	0.71	6.89	-2.69	4.49	8.77	5.99	4.72
法国	1.97	5.42	3.95	5.19	-1.13	4.23	3.58	-6.39	4.52	3.47	2.48
意大利	-0.33	6.26	4.21	4.12	-9.74	3.78	-0.27	1.71	6.47	-1.08	1.51
西班牙	0.46	35.41	-7.26	-1.29	-1.12	0.96	0.74	1.31	2.26	0.78	3.23
日本	8.70	26.26	2.05	-39.25	13.58	7.07	-0.91	-18.47	27.68	26.65	5.34
泰国	-34.08	11.30	22.57	3.68	-0.95	-5.84	-1.36	3.99	18.31	-4.20	1.34
马来西亚	-6.87	11.74	12.68	-4.63	17.42	-5.42	17.76	-4.08	22.38	16.90	7.79
印度	2.30	0.75	1.84	-1.16	1.33	-1.42	-1.14	0.62	1.06	0.55	0.47

注：(1) 中国进口对一国经济增长贡献率 = (该国对中国出口增量/该国 GDP 增量) × 100%。事实上，除非该国货币相对于美元几乎保持固定汇率，否则使用美元标价的贸易数据和 GDP 数据，用现价美元计算则可能出现负增长，将导致失效度失效的结果。因为汇率的大幅波动，可能导致一些国家的 GDP 明显是正增长，用现价美元计算则可能出现负增长，将导致失效度失效的结果。所以，要想得到这个指标有效度较高的值，贸易数据和 GDP 都应该用其本国货币衡量。由于各国以本币计量的双边贸易数据的可得性较差，本表只列出了中国的部分主要贸易伙伴。

(2) "美国服务" 和 "美国货物与服务总计" 两行的最后一列为 2009—2017 九年均值。

资料来源：Wind 经济数据库，欧洲统计局 (Eurostat)，印度商工部，均为以各国本币计量的贸易和 GDP 数据。

表5-4为中国进口对主要贸易伙伴的经济增长贡献率。由表5-4可知,中国进口对马来西亚、日本、德国、西班牙、法国的经济增长分别贡献了7.79个、5.34个、4.72个、3.23个和2.48个百分点,为这些贸易伙伴的经济增长做出了突出贡献。即使是全球经济规模最大的美国,计入服务贸易后,中国进口对美国经济增长的年平均贡献也达到了2.33个百分点。

(三) 中美经贸摩擦对双方经济和贸易的影响

2018年的中美经贸摩擦对双方的经济和贸易都产生了深远的影响,即使这种影响在短期内尚无法充分显现出来。

由于"抢关税窗口效应",2018年中国对美出口的增长率还超过了中国出口的平均增长率。但该效应在2018年末便逐步消退了。2019年1—3月,[①] 美国自中国进口同比大降8.82%,降幅在中国主要贸易伙伴中居首。

与此同时,对美国方面数据的分析也表明,2018年的经贸摩擦造成了美国中间产品和最终产品价格的大幅上涨,供应链网络也发生了急剧变化。如玛丽·阿米蒂、斯蒂芬·雷丁和戴维·韦恩斯坦认为,美国

---

① 2019年春节比往年要晚,受春节因素影响,2月外贸数据比往年低很多,所以要选取1—3月数据平滑春节因素。

关税和他国报复性关税使美国制造业的平均价格（PPI）提高了1个百分点；如果到2018年底实施的关税继续下去，每年还会有约1650亿美元的贸易被重新定向以避免关税。鉴于与当前供应链相关的固定成本，全球价值链的重组可能会给在美国和中国投资的公司带来巨大成本。①

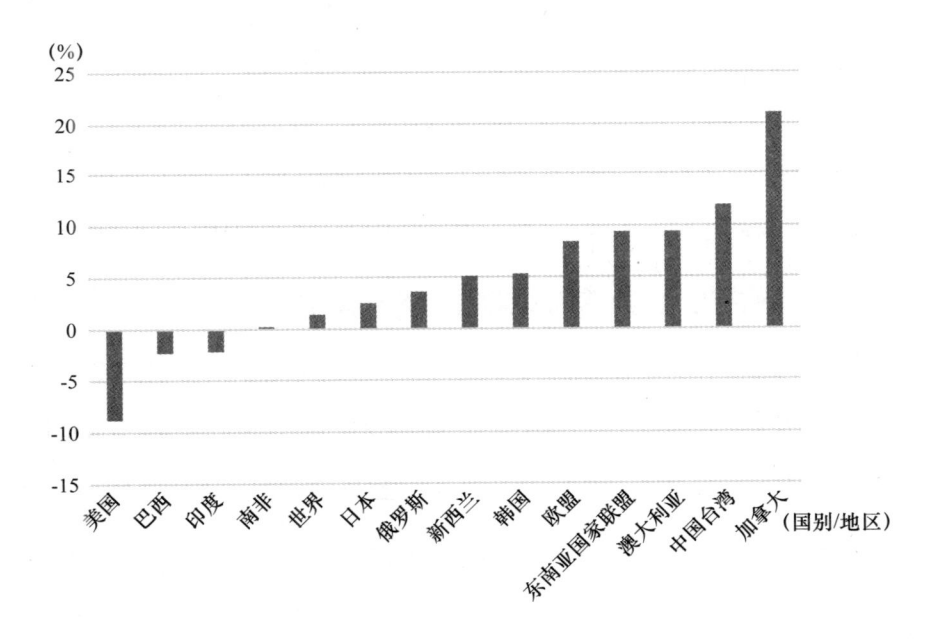

图 5-7 2019 年第一季度中国对主要市场出口同比增长率
资料来源：中经网统计数据库海关月度库。

中美两国乃至全世界金融市场对中美贸易谈判的

---

① Mary Amiti, Stephen J. Redding and David Weinstein, "The Impact of the 2018 Trade War on U. S. Prices and Welfare", NBER Working Paper 25672, March 2019. http：//www.nber.org/papers/w25672.

剧烈反应，也是一个很好的指标，表明经贸摩擦对两国乃至全世界的经济造成了巨大的负面效应。

三　国别贸易格局的前景

2019年，世界经济增长明显减速，4月IMF最新一期的《世界经济展望》[①] 判断2019年全球经济增速将降至3.3%，比2019年1月的预测进一步下调0.2个百分点。其中美国、欧元区都将比2018年明显走弱，中国、英国、加拿大、俄罗斯的增长率也将有所下降，大国中只有日本和印度的增长率将略微提升。全球经济存在几个主要风险，包括中美贸易战的延续对全球供应链造成严重干扰、中国的增长低于预期、英国无协议脱欧、意大利等几个国家财政金融系统的脆弱性等。如果这些下行风险没有实现，且实施的政策支持有效，全球经济增长有望于2020年回升至3.6%。然而，如果任何主要风险实现，那么承压的经济体、出口依赖型经济体和高度负债经济体预期的复苏可能不会发生，全球经济将继续低迷。

随着国际贸易的继续深入发展，美欧日等发达经济体试图重塑国际经贸规则，集中表现为对WTO改革

---

① IMF, *World Economic Outlook: Growth Slowdown, Precarious Recovery*, International Monetary Fund, April 2019.

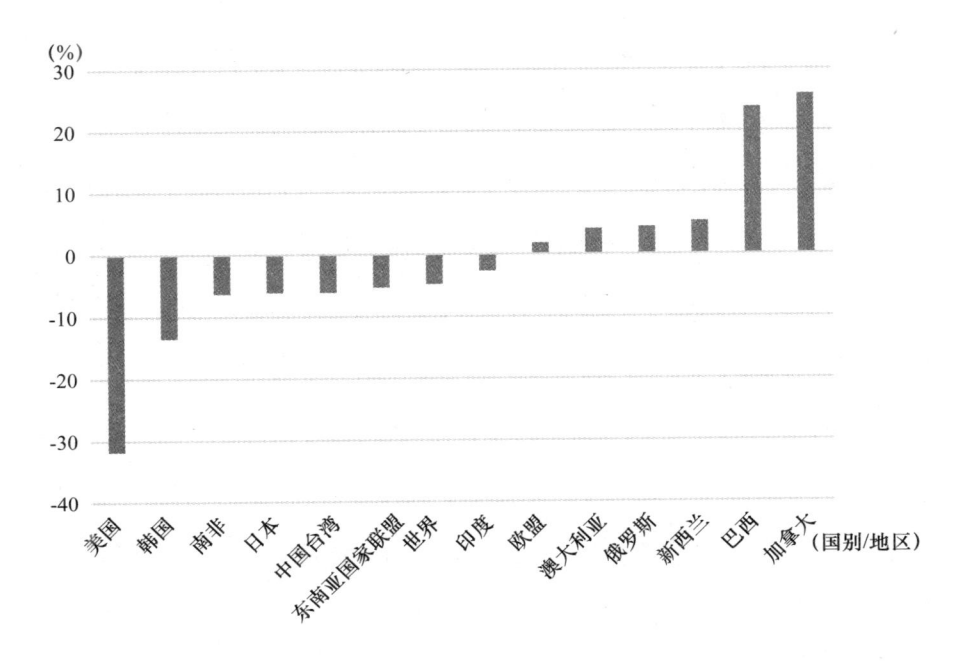

图 5-8　2019 年第一季度中国自主要进口来源地进口同比增长率
资料来源：中经网统计数据库海关月度库。

的诉求。围绕 WTO 改革，发达国家和发展中国家之间，欧美日与中国之间乃至美国与欧盟、日本之间，必将经历一场漫长而艰巨的博弈，为国际贸易的发展增添诸多不确定性。加之受到全球经济低迷、需求不振的影响，2019 年中国对外贸易的形势比上一年要严峻得多。

从 2019 年第一季度中国进出口的同比增速看：出口总体增速仅有 1.4%，除了对美出口大幅萎缩，对欧盟、东盟、日、韩等主要出口市场的出口增速也多为负值，最高不超过 2%。进口总体增速则为 -4.8%。不仅自美国进口萎缩了 30% 以上，自日、韩、东盟与中国台湾这些产业链上游地区的进口也有较大萎缩，只有自加拿大、巴西、澳大利亚、新西兰、俄罗斯等资源和能源大国的进口有所增长。一个亮点是第一季度中国与"一带一路"相关国家进出口同比增长7.8%，高出中国外贸整体增速4.1个百分点，比重提升1.1个百分点。

2019年，中国需首先做好稳就业、稳金融、稳外贸、稳外资、稳投资、稳预期等"六稳"工作，确保经济运行在合理区间；在此基础上继续扩大开放领域，提高开放水平，推进对外贸易的发展，发挥世界经济稳定器的作用。特别是随着第二届"一带一路"国际合作高峰论坛的召开，中国与"一带一路"相关国家的经贸关系必将稳步提升，推动双方共享增长与繁荣，努力构建人类命运共同体。

第六章 地区贸易篇

臧成伟　高凌云

2018年，除宁夏回族自治区、西藏自治区、贵州省、新疆维吾尔自治区之外，其余27个省、自治区、直辖市进出口贸易总额均得到增长。同时，中国经济水平较高的东南沿海地区，在对外贸易上的主导地位仍在持续。随着自由贸易试验区建设的全面推进，沿海地区开放型经济深化发展的趋势明显加强。"一带一路"倡议为内陆和沿海地区提升对外开放程度提供了新的机遇。中美贸易摩擦对各地区贸易产生影响，但总体可控；对美贸易依赖度较高的地区，贸易摩擦的负面影响更大。

一　2018年地区贸易开放格局

2018年，东部沿海地区在对外贸易上依然处于主导地位，突出表现为贸易总额较高、贸易品技术水平和附加值较高、贸易保持持续增长、制度创新力度不断加强。同时中西部地区贸易开放水平进一步提高，在"一带一路"倡议和2017年新增自贸试验区的推动之下，进出口贸易总额增长率高于东部地区，对外开放全面展开，不断深化。

决定现阶段地区贸易格局形成及变动的因素主要有以下方面。

一是地区经济发展水平。地区经济发展与贸易发展息息相关，经济规模决定了进出口规模，经济发展阶段则决定了贸易的质量和水平。东部沿海地区基础设施条件良好，产业链发达，居民收入水平较高，因此市场潜力较大，东部沿海地区具有较强的人力资本积累和技术水平，有一批具有国际竞争力的企业，而中西部地区虽然劳动力成本低于东部地区，但劳动生产率较低，且基础设施弱于东部地区，市场规模较小，产品的技术含量和国际竞争力较低。这一经济发展水平的差异在2018年未发生根本改变，由此决定贸易格局也没有根本性改变。图6-1刻画了地区经济发展水平和贸易额的关系，其中横坐标为地区GDP的对数值，纵坐标为进出口总额的对数值，散点图表明进出口总额和地区GDP高度正相关，且近似线性关系，其中位于右上方的地区，例如广东、江苏、山东等地区为东部沿海地区，而位于左下方的青海、宁夏、海南、甘肃等地区则为中西部内陆地区。

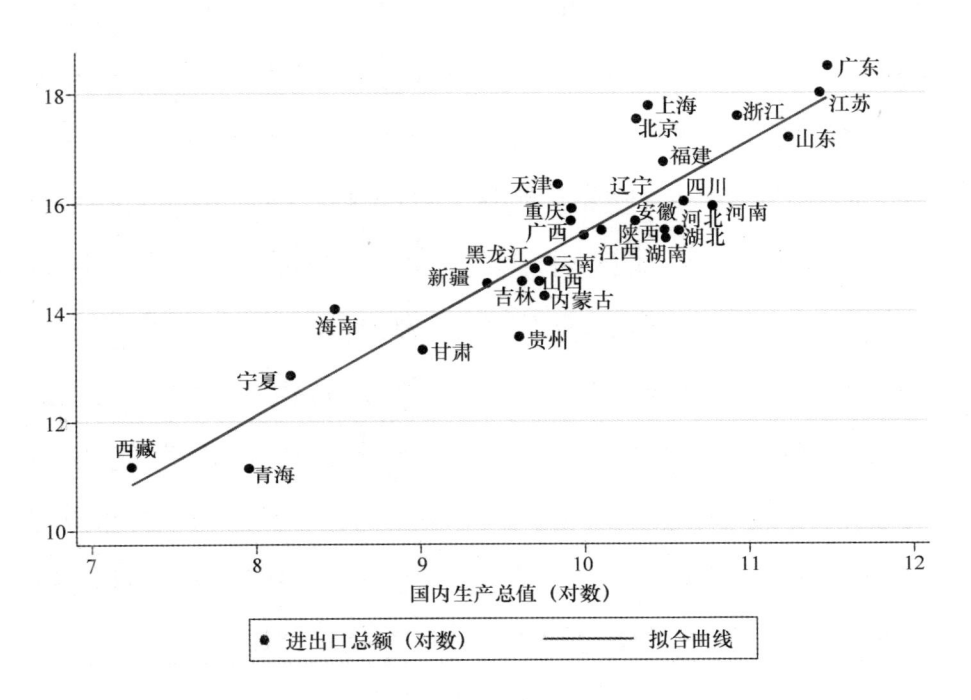

图6-1 2018年各地区国内生产总值与进出口总额关系图

资料来源：笔者自制。

二是中国梯度开放的战略部署影响。改革开放以来，中国对外开放遵循从沿海到内陆分梯度开放的步骤，以建立四大经济特区为开端，逐步建立沿海开放带，并设立浦东新区，建立起出口导向型的经济体系；加入WTO以来，中国大规模接受国际通用的法律法规、制度做法，全面融入全球化的世界经济体系中，东部地区又成为制度变革的排头兵；2013年以来，中国开始启动自贸试验区建设，首批试点设立在上海、天津、广东和福建四个沿海地区，并于2017年推广到河南、湖北、重庆、四川、陕西等内陆地区，依然与梯度开放的规则相一致。这一梯度开放的战略部署决定了东部地区对外开放的时间、深度和广度均高于中西部地区。

三是东部和中西部地区的区位优势。中国的地理条件决定了东部地区可以通过海运降低国际贸易中的运输成本，而中西部地区交通基础设施相对落后，货物运送到港口的成本较低，陆路贸易也缺乏相应的交通设施和足够的贸易伙伴。近年来，以高铁为代表的交通基础设施飞速发展，"一带一路"倡议持续推进，中西部地区贸易受区位桎梏的状态有所改善，但仍然不如得天独厚的东部地区。

二 2018年各地区贸易总额、增速及位次的变化

从静态上看，图6-2显示，2018年中国进出口总额排在前六位的分别是广东省、江苏省、上海市、浙江省、北京市、山东省，这六个地区进出口总额占全国进出口总额的比重高达73.5%。

从动态看，表6-1显示，近五年来，除了2015年浙江省和北京市的位次变换了顺序之外，排名前9位的地区在所有年份里的位次完全没有变化。其他地

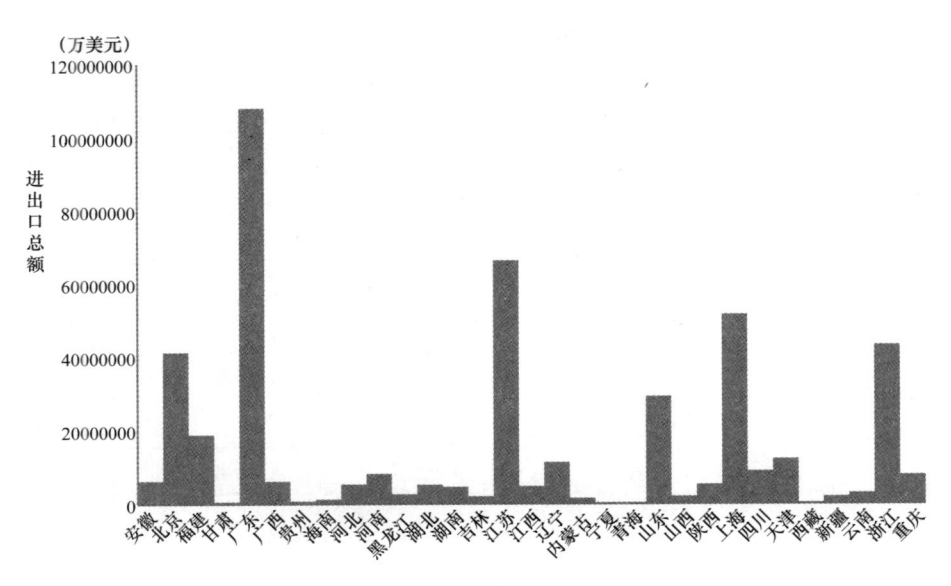

图 6-2 2018 年各地区进出口总额的分布

注：不包括港澳台地区数据。

资料来源：Wind 数据库。

区 2018 年的位次变化上，四川超过河南成为进出口贸易排名的第 10 位，陕西超越湖北和江西，由第 18 位提升到第 16 位；黑龙江进出口总额位次由第 22 位提升到第 21 位，辽宁和吉林保持原有位次不变；安徽、山西等中部地区对外开放水平进一步提高，位次分别由第 14 位和第 24 位提升到第 13 位和第 22 位；新疆排名由第 21 位下降到第 24 位。

表 6-1 2014—2018 年中国各地区进出口总额位次变化

年份 位次	2014	2015	2016	2017	2018
1	广东	广东	广东	广东	广东

续表

位次\年份	2014	2015	2016	2017	2018
2	江苏	江苏	江苏	江苏	江苏
3	上海	上海	上海	上海	上海
4	北京	浙江	浙江	浙江	浙江
5	浙江	北京	北京	北京	北京
6	山东	山东	山东	山东	山东
7	福建	福建	福建	福建	福建
8	天津	天津	天津	天津	天津
9	辽宁	辽宁	辽宁	辽宁	辽宁
10	重庆	重庆	河南	河南	四川
11	四川	河南	重庆	四川	河南
12	河南	河北	四川	重庆	重庆
13	河北	四川	广西	广西	安徽
14	安徽	广西	河北	安徽	广西
15	湖北	安徽	安徽	河北	河北
16	江西	湖北	江西	湖北	陕西
17	广西	江西	湖北	江西	湖北
18	黑龙江	陕西	陕西	陕西	江西
19	湖南	湖南	湖南	湖南	湖南
20	云南	云南	云南	云南	云南
21	新疆	黑龙江	吉林	新疆	黑龙江
22	陕西	新疆	新疆	黑龙江	山西
23	吉林	吉林	山西	吉林	吉林
24	山西	山西	黑龙江	山西	新疆
25	海南	海南	内蒙古	内蒙古	内蒙古
26	内蒙古	内蒙古	海南	海南	海南
27	贵州	贵州	甘肃	贵州	贵州
28	甘肃	甘肃	贵州	甘肃	甘肃

续表

位次\年份	2014	2015	2016	2017	2018
29	宁夏	宁夏	宁夏	宁夏	宁夏
30	西藏	青海	青海	西藏	西藏
31	青海	西藏	西藏	青海	青海

注：不包括港澳台地区数据。

资料来源：Wind 数据库。

2018 年，得益于全球经济和贸易增长的复苏，国内经济下行压力缓解，以及中国政府进一步扩大对外开放的决心和一系列促进贸易发展政策的落实，除宁夏回族自治区、西藏自治区、贵州省、新疆维吾尔自治区之外，中国绝大部分地区进出口总额均得以增长。其中，进出口总额排在前六位的广东省、江苏省、上海市、浙江省、北京市、山东省，增速分别为7.8%、12.3%、8.3%、14.4%、27.4%、11.2%。（见图 6-3）

同时，各地区贸易增长也受到一些不利因素的影响，主要外部因素为以中美贸易摩擦为代表的贸易保护主义抬头，使得 31 个地区中的 17 个地区进出口总额增速低于去年同期，14 个地区进出口总额增速高于上年同期。进出口总额排名在前六位的地区中，广东、浙江和北京 3 个地区增速高于上年同期，上海、江苏和山东 3 个地区增速略低于上年同期。

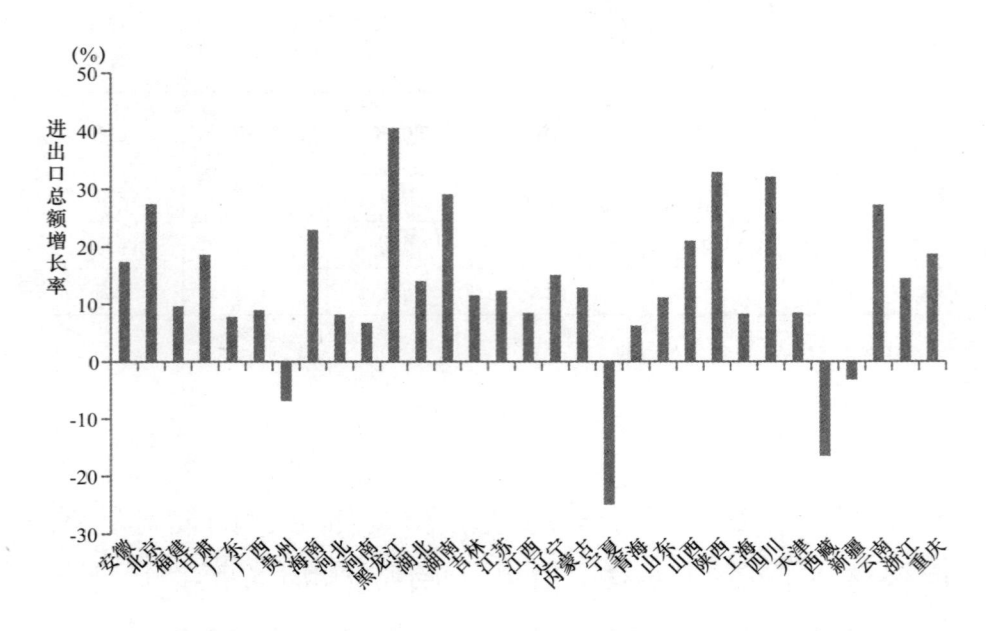

图 6-3 2018 年各地区进出口总额的增速

注：不包括港澳台地区数据。

资料来源：Wind 数据库。

三 2018 年中国各地区自贸园区的发展

2013—2018 年，中国自贸区由 1 个扩展到 12 个，由上海自贸区的 28.78 平方公里提高到海南自贸区的 3.5 万平方公里，由主要集中在东部沿海地区扩展为东、中、西部协调，海陆统筹的格局。当前，推进自贸试验区建设，以开放促改革，是中国为全面深化改革、探索扩大开放新途径、积累新经验而采取的重大举措。

从自贸区的发展趋势上看，上海自贸区于 2013 年成立，广东自贸区、天津自贸区、福建自贸区于 2015

年成立,辽宁、浙江、河南、湖北、重庆、四川、陕西等自贸区于2017年成立,海南自贸区于2018年成立。自贸区建设以上海为试点,逐步推广到全国,从东部沿海地区推广到东北、中部、西部等内陆地区,从经济规模较大、经济发展水平较高、贸易开放程度较高的发达地区,推广到经济规模较小、经济发展水平较低、贸易开放程度较低的地区,与"一带一路"倡议、振兴东北老工业基地、中部地区崛起、西部大开发等统筹协调、相互促进、共同发展。(见表6-2)

表6-2 各自贸试验区基本信息

地区	成立时间	区划	GDP(亿元)	人均GDP(元/人)	进出口总额(万美元)
上海	2013年	华东	32679.9	126634	51600000
广东	2015年	中南	97300	80932	108000000
天津	2015年	华北	18809.6	118944	12300000
福建	2015年	中南	35804	82677	18800000
辽宁	2017年	东北	25300	53527	11400000
浙江	2017年	华东	56197	92057	43200000
河南	2017年	华中	48055.9	46674	8282985
湖北	2017年	华中	39366.6	60199	5280168
重庆	2017年	西南	20363.2	63442	7904012
四川	2017年	西南	40678.1	44651	8993660
陕西	2017年	西北	24438.3	57266	5331456
海南	2018年	华南	4832.1	48430	1274481

资料来源:笔者整理。

2013年以来自贸区建设取得重大成就，并形成一批可复制的经验。根据商务部2017年数据，至2017年末，自贸试验区新设企业将近37万家，在吸引外资方面，2017年11个自贸区新进入外资企业共6841家，实际利用外资1039亿元人民币。自贸区试点探索出多项改革经验并得到积极推广，国务院于2014年、2016年、2017年和2018年分别公布了24项、19项、5项和30项改革经验，以外商投资负面清单为代表的各项改革经验深刻影响了中国的制度创新。

2013—2018年，各自贸区定位各不相同，发展各有特色，为进一步扩大对外开放，进行制度创新贡献着独特作用。上海自贸区设立的核心是"开放实验"，即创新试验模式，推动建设具有国际水准的投资便利、监管高效便捷、法治环境规范的自贸试验区。根据2015年公布的《2014年上海市国民经济和社会发展统计公报》，在上海自贸区，以负面清单管理为核心的投资管理制度基本建立，以贸易便利化为重点的贸易监管制度有效运行，以资本项目可兑换和金融服务业开放为目标的金融创新制度有序推进，以政府职能转变为核心的事中事后监管制度初步形成。2015年成立的三大自贸区中，广东自贸区在粤港澳服务贸易自由化、通关便利化等方面推出多项改革创新措施；天津自贸区在金融创新等领域出台多项创新措施，积极开展体制机制创新；福建省围绕投资便利化、金融国际化等方面，制定了福建自贸区总体方案重点试验任务分解表以及实施方案，启动实施若干重点试验项目。商务部发挥部际联席会议作用，协调各部门加快出台各项配套实施细则，促进自贸试验区总体方案各项任务措施落地实施。2017年成立的七大自贸区主要致力于将上海、广东、天津、福建四个自贸区形成的改革创新成果进行复制和推广。2018年成立的海南自贸区则致力于在自贸区升级的基础上分步骤、分阶段建设自由贸易港政策和制度体系，为探索建设中国特色自由贸易港提供经验。

四 "一带一路"建设与中西部内陆地区贸易发展

2013年，中国国家主席习近平在访问中亚四国和东盟期间，提出建设陆上"丝绸之路经济带"和"21世纪海上丝绸之路"的倡议，2015年国家发改委、外交部和商务部联合发布了《推动共建丝绸之路经济带和21世纪海上丝绸之路的愿景与行动》。2017年5月，第一届"一带一路"国际合作高峰论坛在北京举行，共有29位国家元首和政府首脑参会，150多个国家和国际组织同中国签署了共建"一带一路"合作协议。2018年是"一带一路"倡议提出的第六年，从

2013—2018年，中国和"一带一路"相关国家的贸易增长率均高于中国贸易平均增长率，和相关国家贸易额占贸易总额的比重逐年提高。

正如上文所述，由于经济发展水平差异、梯度开发战略和区位差异的影响，中西部地区的开放水平明显低于东部地区，而"一带一路"倡议的实施对各地区尤其是中西部地区的贸易开放水平具有积极的正面影响。"一带一路"倡议旨在促进经济要素有序自由流动、资源高效配置和市场深度融合，推动开展更大范围、更高水平、更深层次的区域合作，共同打造开放、包容、均衡、普惠的区域经济合作架构。以往的对外开放以水路为核心，陆路贸易发展相对滞后，除第二亚欧大陆桥和中巴走廊，只有东南亚、俄罗斯、蒙古等有限通道。而"一带一路"倡议倡导提升对外开放水平，结合中国振兴中西部地区的发展战略，客观上要求中西部地区加快提升对外开放水平。"一带一路"倡议不仅包括东南亚国家，也包括中亚、西亚和非洲等内陆国家，对陆路贸易的发展提供了契机。"一带一路"相关国家经济发展水平、技术和资源禀赋有较大差异，有利于中西部地区针对自身优势与相关国家通过贸易的形式实现优势互补。

为论证"一带一路"倡议对中西部地区贸易相对于东部地区具有更大的促进作用，本章进行了简单的实证分析。基本思路为"双重差分"的思想，通过比较"一带一路"倡议提出前后，中西部地区和东部地区贸易额差距的变化，来估计"一带一路"倡议对中西部地区相比东部地区的"额外"影响。本书采用两种指标衡量地区的贸易开放程度，一是进出口总额（对数形式）这一绝对指标，二是进出口总额占GDP比重这一相对指标。两种指标东部地区和中西部地区均值的变化趋势如图6-4所示。

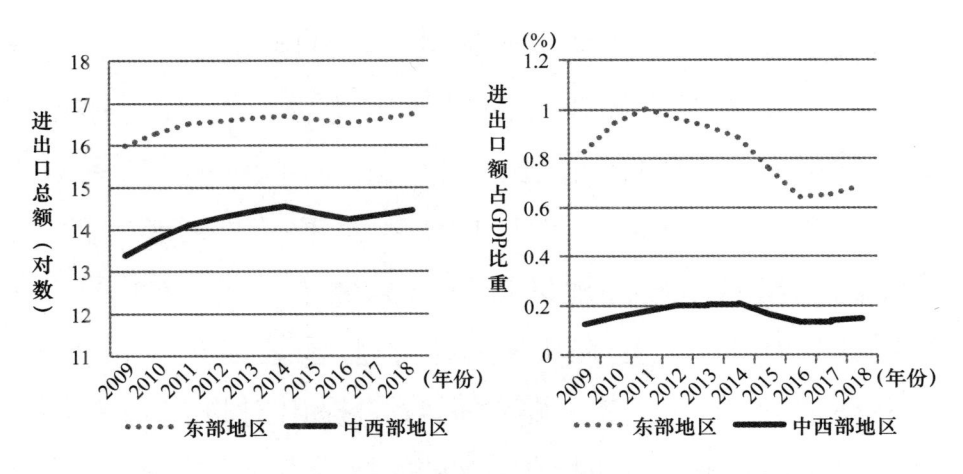

图6-4 "一带一路"倡议前后东部和中西部地区贸易变化对比
资料来源：笔者自制。

其中左半部分为东部地区和中西部地区进出口总额对数值的变化趋势，由图可知，中西部地区进出口总额的对数值其增速在2013之后有显著的上升趋势，而东部地区并没有如此显著的上升趋势，虽然中西部地区进出口总额增速随后有显著放缓，但是在2018

年，二者进出口总额对数形式的差异已经由 2009 年的 2.61 降低到 2.30。右半部分为进出口总额占 GDP 比重的变化趋势，由图可知，受全球经济低迷和国内经济下行压力的影响，东部地区进出口总额占 GDP 比重逐年下降，且下降幅度较为明显，但中西部地区尤其 2013 年之后，进出口总额占 GDP 比重变化较为平缓，甚至在 2013—2014 年间有上升趋势，因此"一带一路"倡议提出之后，中西部地区和东部地区进出口总额占 GDP 比重的差异逐步缩小。

双重差分估计的结果和图 6-4 的规律一致。在控制了省份个体效应和年份固定效应之后，"一带一路"倡议的提出对中西部地区进出口总额对数的影响系数为 0.212，且在 1% 的水平上显著为正，"一带一路"倡议的提出对中西部地区进出口总额占 GDP 比重的影响系数为 0.178，也在 1% 的水平上显著为正。最后，本书还估计了"一带一路"倡议的提出对进出口总额增长率的影响，此时的"双重差分"影响系数为 -0.139，也在 1% 的水平上显著。因此"一带一路"倡议的提出对中西部地区的贸易开放程度有更大的影响，但对贸易增长率的影响低于东部地区。

五 中美贸易摩擦与地区贸易发展

2018 年 3 月，美国基于贸易代表办公室的 301 调查报告，宣布提升对自中国进口商品的关税。7月6日起，对自中国进口商品加征25%关税的加税政策开始实施，其中340亿美元商品的加税政策于7月6日起实施，8月23日，加税政策涉及的商品扩大至500亿美元。9月24日，美国开始对另外2000亿美元的自中国进口商品加征10%的关税。针对美方的加税行为，中国也采取了相应的反制措施。

中美贸易摩擦在2018年的总体影响有限，中国全年对美国进出口依然保持高速增长，且依旧保持对美顺差。具体到各地区，正如前文所述，31个地区中有27个进出口总额保持增长趋势，对比2018年进出口增长率和上年同期增长率的变化，共有20个地区进出口增长率快于上年同期，因此中美贸易摩擦并未对大部分地区贸易的增长产生严重影响（见表6-3）。

由于美国对中国的加税措施在2018年7月才开始实施，本书还比较了加税措施前（1—6月）和加税措施后（7—12月）各地区进出口总额的变化，结果表明，2018年1—6月，共有13个地区进出口总额增长率慢于上年同期，而2018年7—12月，进出总额增长率慢于上年同期的地区数量增长到17个。总体而言，2018年1—6月各地区进出口总额的平均增长率为17.21%，与上年同期相比增长了5.03%，而2018年7—12月各地区进出口总额的平均增长率为9.99%，与上年同期相比降低了6.32%。因此中美贸易摩擦对各地区进出口产生了一定负面影响（见表6-3）。

表6-3　中美贸易摩擦前后各地区进出口变化情况　　　单位:%

地区	2018年增长率	与上年同期的差额	7—12月增长率	与上年同期的差额	1—6月增长率	与上年同期的差额
安徽	51.39	43.12	9.69	-10.73	26.57	4.91
北京	29.14	4.19	25.35	15.61	29.60	8.83
福建	22.51	24.34	7.11	-4.56	12.33	5.93
甘肃	16.79	48.55	-2.05	-29.21	47.09	100.54
广东	24.41	26.69	5.90	1.40	10.00	3.66
广西	45.68	48.47	8.43	-9.07	9.60	-12.66
贵州	63.24	118.29	-24.66	-144.32	22.59	31.56
海南	-35.87	-22.70	42.07	37.66	1.00	20.80
河北	7.16	-6.77	8.64	4.11	7.67	-1.68
河南	13.39	-14.45	5.53	-2.63	8.56	-1.82
黑龙江	46.40	21.63	40.17	31.42	40.70	20.28
湖北	22.08	14.90	12.05	-11.14	16.53	5.15
湖南	54.05	39.20	22.08	-8.62	39.35	-8.96
吉林	14.05	-10.55	12.61	11.03	10.44	10.98
江苏	17.28	7.34	8.08	-9.95	17.31	3.57
江西	40.80	20.67	5.26	-0.27	11.05	-4.72
辽宁	18.57	-14.80	16.07	4.90	14.02	-5.14
内蒙古	15.74	19.65	17.52	9.82	8.57	-24.84
宁夏	-47.22	-112.56	-29.98	-80.10	-19.32	-77.56
青海	-36.86	-61.92	17.22	79.67	-5.24	44.22
山东	11.54	-14.30	13.42	5.07	8.73	-8.14
山西	31.10	17.59	14.76	12.45	28.75	24.48
陕西	76.79	59.04	16.71	-30.97	53.71	33.77

续表

地区	2018年增长率	与上年同期的差额	7—12月增长率	与上年同期的差额	1—6月年增长率	与上年同期的差额
上海	16.86	6.37	5.12	-2.69	11.82	-0.14
四川	34.74	-11.44	35.22	3.04	28.08	-18.15
天津	13.21	6.64	2.79	-11.62	15.15	9.84
西藏	-7.85	-45.23	-17.89	6.21	-15.50	-85.04
新疆	1.80	-56.32	-3.42	-15.80	-2.80	-26.33
云南	48.71	75.45	6.31	-30.90	59.79	62.67
浙江	14.74	2.67	12.20	0.16	16.97	4.37
重庆	20.18	61.54	17.38	-16.01	20.27	35.67

资料来源：笔者根据 Wind 数据库相关数据测算。

美国加税政策对各地区的影响大小，受到其对美国贸易依赖程度的影响。为研究对美国贸易依赖程度是否影响了中美贸易摩擦对地区贸易负面影响的大小，本章统计了中美贸易摩擦前一年（2017年）各地区对美进出口总额占全国进出口总额的比例，衡量地区贸易对美国的依赖程度，进出口总额中美国占总体的比重从新疆的0.03到四川的0.24不等，平均占比为12%。

图6-5展现了对美贸易依赖度与2018年贸易进出口增长率的关系，二者大致呈负相关，但斜率较为平缓。一个典型的例子是，珠三角与美国的贸易依赖度小于长三角，具体体现在广东对美进出口占总体进出口的比例为12.7%，而江苏和浙江分别为17%和16.4%，相应的，广东2018年进出口增长率为

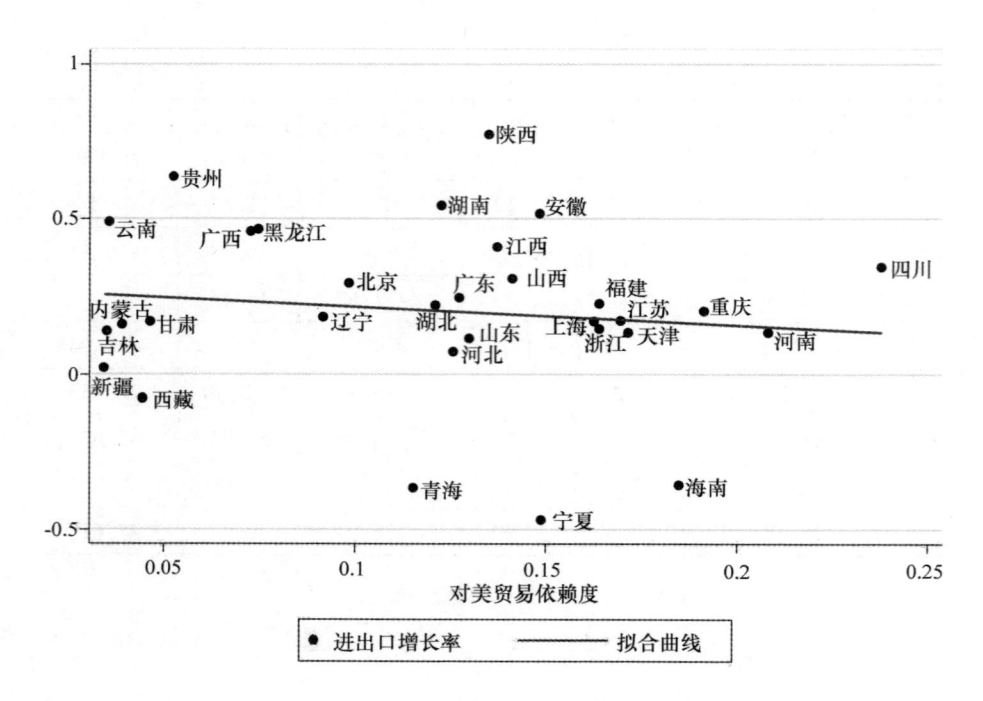

图 6-5　各地区对美贸易依赖度和进出口增长率关系

资料来源：笔者自制。

24.41%，而江苏和浙江的增长率为 17.28% 和 14.74%，与上年同期相比，广东增长率增加了 26.69%，而江苏和浙江仅增加了 7.34% 和 2.67%。因此，为消除国际贸易摩擦和风险的负面影响，各地区应该提高贸易的多元化。

六　地区贸易发展的政策建议

2018 是改革开放四十周年，也是"十三五"规划承上启下的关键时期，为进一步提升对外开放水平，打造全方位、多层次、宽领域的对外开放格局，需要在发挥东部地区引导和示范作用的基础上，进一步提升内陆地区和边境地区开放水平，根据各地区的区位优势和禀赋特点，统筹发展，共同进步，在拓展开放范围和层次、完善开放结构布局和体制机制上发挥各自独特的作用。

地区贸易发展应该充分利用"一带一路"倡议，促进区域贸易开放协调发展。共建"一带一路"不仅为世界各国发展提供了新机遇，也为中国开放发展开辟了新天地。涉及3条陆上线路、2条海上线路和6条经济走廊，对中国各地区尤其是中西部地区扩大对外开放提供了较大的发展空间。利用"一带一路"促进区域贸易协调发展，应该将"一带一路"倡议同东北振兴、中部崛起、西部开发等战略相结合，着重提升西部、内陆和沿边开放力度，提高边境跨境经济合作区发展水平，拓展开放合作新空间；利用"一带一路"促进区域贸易协调发展，应该充分考虑本地区和"一带一路"相关国家经济发展水平差异、资源禀赋差异等特点，有针对性地发展双边贸易和多边贸易关系，实现资源的互补和互惠共赢；利用"一带一路"促进区域贸易协调发展，应该充分利用各地区的区位特点和地缘优势，针对不同区位、不同文化和制度特点的国家，消除不必要的误会和疑虑，加强各地区和相应国家的互利互信。

地区贸易发展应该充分发挥自贸试验区的作用，扩大制度创新。应该提升现有自贸区建设质量，探索自贸港建设，更加积极高效地将现有制度创新的经验进行总结，并向其他地区大力推广；应该在条件允许的范围内根据沿海、沿边和内陆不同地区的具体情况，适时设立不同类型的自由贸易园区，将自贸区的探索和建设进一步扩大化；应该发挥各地区现有的经济特区资源，以高新区、经济技术开发区、边境经济合作区、跨境经济合作区等经济特区的转型升级为契机，将自贸区的经验进行推广和落地。

地区贸易发展应该进一步加强贸易多元化，提升国际竞争力，完善区域协调合作，共同应对国际贸易风险和贸易摩擦。地区经贸发展的实践表明，出口目的国和进口来源国的单一化容易削弱对相应国家贸易摩擦的抵抗力，贸易产品的多元化则有助于抵御国际市场不确定性对国内生产带来的冲击。地区贸易的发展应该注重国别和产品的多元化，减少对单一国家贸易的依存度；应该根据自身禀赋和比较优势，提升贸易品质量和国际竞争力，加强与贸易伙伴的紧密度；应该充分发挥中国的大国优势，将各地区的经贸发展进行统筹规划，共同化解国际风险，通过国内协作等方式稀释单一地区遭受国际风险的负面影响。

第七章 预测与走势判断篇

马盈盈　王　芳[*]

2019年中国对外贸易形势复杂严峻，发展面临的不确定性因素增多，总体稳中求质。从外部看，世界经济下行风险增大，周期性复苏和发达国家政策支持经济增长的动力减弱，一些国家保护主义、单边主义抬头，不稳定、不确定因素依然很多。同时，中美贸易摩擦负面效应逐渐显现，国际金融市场和大宗商品价格波动性上升、风险可能加剧。目前，主要国际组织已经纷纷下调了全球经济和贸易的增速，比如6月4日，最新一期《世界经济展望》中世界银行进一步下调了2019年全球经济增长的预期，预计2019年全球经济增速为2.6%，较1月预期值下调0.3个百分点。从内部看，尽管生产要素成本持续上涨，但

---

[*] 马盈盈，中国社会科学院世界经济与政治研究所博士后；王芳，中国社会科学院世界经济与政治研究所博士后。

中央政府围绕稳定外贸相继出台了一系列政策措施,包括减税降费、优化口岸营商环境、提高部分产品出口退税率、降低进口关税等,其效果正在逐步显现,为2019年外贸的稳定发展起到了强有力的支撑作用。

总的来说,受外部环境的不确定、不稳定因素影响,加上基数抬高等客观因素,外贸增长速度可能有所放缓,具体下行幅度需要观察中美经贸磋商的结果。但随着中国进一步扩大开放,以及供给侧结构性改革的深入推进,预计2019年中国外贸发展有望稳中提质,质量和效益将进一步提高。

表7-1　　　　　　　　各因素影响外贸的机制

外贸	具体因素		具体影响因素	影响方向
出口	需求因素	外部需求	全球经济增长趋弱,下行风险增大	负面
			贸易摩擦导致的强出口效应消失	负面
			全球制造业竞争加剧	负面
		汇率	人民币或呈双向波动;汇率将保持基本稳定	中性
		贸易保护	中美贸易摩擦影响加深;企业面临退出全球价值链压力	负面
	供给因素	生产成本	减费降税和宽松货币政策导致国内生产成本下行	正面
		产品质量	产品质量进一步提升;促进出口增长	正面

续表

外贸	具体因素	具体影响因素	影响方向
进口	需求因素	经济增速放缓和消费需求上升使进口需求变化不大	中性
	进口商品价格	进口价格增速放缓甚至为负,进口增长受负面影响	负面
	政策因素	降低汽车等商品关税,主动扩大进口	正面
		进一步对外开放,减税降费和《外商投资法》颁布	正面
		贸易便利化措施	正面
进出口	全球经济和贸易形势	多边贸易体系受到威胁,国际经贸规则面临重塑	待观察
		全球经济增长动力弱化,下行趋势凸显	负面
	政策因素	中美经贸谈判取得积极进展,贸易摩擦很可能走向缓和	正面
		中国全方位扩大开放	正面
	政治因素	英国"脱欧"、地缘政治	负面

资料来源：笔者整理。

以下从整体贸易、出口贸易和进口贸易三方面分析2019年中国对外贸易的形势并判断走势。整体贸易从全球经济和贸易形势、政策因素和政治因素三个方面分析，出口贸易形势分析考虑需求和供给两个方面的因素，进口贸易形势分析主要关注需求和政策两个方面的因素（见表7-1）。

一　进出口贸易的整体影响因素

（一）全球经济增长动力弱化，下行趋势凸显

2018年世界GDP增长率按购买力平价（PPP）计算约为3.7%、按市场汇率计算约为3.2%，增速与上一年持平。在主要发达经济体中，只有美国经济增速表现出上升趋势，欧元区和日本等其他经济体均出现增速回落现象。新兴市场与发展中经济体2017年经济增速普遍回升，但2018年出现明显分化。亚洲新兴经济体仍然保持了世界上最高的增长率，2018年GDP增长6.5%。但除印度等极少数国家之外，其他主要亚洲新兴经济体的经济增速均有一定程度回落。

根据主流国际机构的预测，2019年全球经济增速与2018年基本一致。2018年10月，国际货币基金组织（IMF）预测，2019年按PPP计算的全球经济增速为3.7%；2018年6月，世界银行预测2019年按PPP计算的世界GDP增长率为3.8%，与2018年持平，而按市场汇率计算的世界GDP增长率为3%，比2018年下降0.1个百分点。

2018年以来，受全球金融环境收紧、贸易紧张局势持续等因素影响，国际组织已纷纷下调全年经济增长预期。鉴于全球经济前景黯淡，世界贸易组织在

2019年4月将今年全球贸易增长的预期从去年9月预测的3.7%下调至2.6%，下调超过1个百分点。这些都表明2019年的中国对外贸易面临着较为严峻的世界经济环境。

（二）中国全方位扩大开放，政策红利不断

2018年，中国对外开放步伐进一步加快，缩减外商投资负面清单、降低关税水平、制定《外商投资法》全面深入实施准入前国民待遇加负面清单管理制度、建设海南全岛自贸试验区和探索建设中国特色自由贸易港、举办首届中国国际进口博览会等一系列对外开放的重大举措落地实施，政策红利持续释放，为贸易发展和经济增长提供了强劲动力。总体来看，2018年中国对外贸易总体平稳，稳中有进，进出口规模创历史新高。

在国际环境复杂多变，单边主义、保护主义依然暗流涌动的背景下，2019年中国将采取一系列重要改革开放举措，加强制度性、结构性安排，促进更高水平、更全方位的对外开放。习近平总书记在第二届"一带一路"国际合作高峰论坛上提出"五个更"的扩大开放新举措。通过更广领域扩大外资市场准入、更大力度加强知识产权保护国际合作、更大规模增加商品和服务进口、更加有效实施国际宏观经济政策协

调、更加重视对外开放政策贯彻落实，稳住外贸发展规模，提高贸易质量。

（三）贸易保护主义抬头，经贸摩擦加剧

2008年国际金融危机后，经济全球化从高速增长期进入调整期，呈现出贸易保护主义抬头、金融监管加大、经贸摩擦加剧、投资限制增多等新趋势。特朗普政府上台之后，以"贸易不公平"为由实施了一系列逆全球化措施，中国首当其冲。尤其是2018年3月以来，中美贸易摩擦持续升级，对中美两国的进出口贸易和世界贸易格局均产生了很大影响。2019年第一季度，中国对美国进出口8158.6亿元人民币，同比下降11%，其中出口6224.3亿元，下降3.7%，进口1934.3亿元，下降28.3%。贸易战对双方的不利影响逐步显现。

为缓和中美经贸关系，从2018年5月中美代表团就共同关心的中美经贸问题进行了数轮高级别磋商，在知识产权保护和强制技术转让等问题取得积极进展，截至4月初双方谈判迈入终局，扫清大多数障碍。然而5月初以来，有关中美经贸活动的新消息变得悲观，5月10日，美国对中国2000亿美元输美产品的关税提高至25%，5月17日，华为被列入实体清单。总的来看，2019年是中美贸易富有挑战性的一年，双方经贸

谈判的不确定性增加，年内达成初步协议的可能性下降。中美贸易战已经由关税战蔓延至投资战、技术战，下一阶段可能进一步延伸至汇率战、金融战，中国要做好充分准备。

（四）多边贸易体系受到威胁，国际经贸规则面临重塑

美国等发达国家曾是"全球化"领航者、经贸规则的制定者。然而，全球化似乎并未完全按其预想的轨迹发展。近年来，美国试图以"公平"理念重塑"全球化"。在多边贸易体制层面，美国主张对WTO国际经贸规则进行彻底改革。由于WTO成员国数量众多，各国的诉求很难达成"协商一致"，WTO实现彻底改革的难度很大。因此，美国规则重塑的方向是以构建高标准的双边或区域经贸规则为基础，以实现贸易平衡为目标。除了倡导以TPP协议为蓝本的21世纪高标准国际经贸规则外，美国和欧盟还提出了实行零关税、零壁垒和零补贴的"三零"目标，美加墨达成新的自贸协定，纳入"非市场经济体"条款。作为现有经贸规则的受益者，如果中国被排除在新的经贸规则之外，毫无疑问将影响对外贸易的发展。

（五）地缘政治

随着全球经济下行压力加大、流动性持续收紧及融资成本上升,全球贸易增长将有所趋弱。受政治极化加剧、民粹主义进一步崛起等因素的影响,预计地缘政治风险将成为2019年全球贸易增长的重要影响因素之一。

目前,英国"脱欧"谈判陷入僵局,"脱欧"的不确定性将对英国及欧盟整体经济产生不利影响;5月,欧洲议会将举行大选,欧洲各国民粹主义势力或将首次形成统一阵线,增强反区域一体化的力量;拉丁美洲右翼势力在2018年赢得多国大选之后与左翼势力之间的矛盾将进一步激化,将对地区合作及地区整体经济增长产生不利影响;美国对伊朗的制裁仍将持续,且欧洲近期也加入了制裁伊朗的行列,中东地区政局不确定性进一步上升,全球能源安全面临一定挑战。同时,日本方面对中国不信任的因素依然存在。这些无疑都将影响中国对外贸易的发展。

二 出口贸易影响因素

(一)世界经济增速回落,外部需求面临下降压力

2018年世界经济没有保持2017年的快速回升趋势,全球经济增速达3.6%,与2017年基本持平,预计2019年世界经济增速将进一步下滑,外部需求面临下降压力,是影响出口的负面因素。国际货币基金组

织2019年4月发布的《世界经济展望》预测2019年世界经济增速将从2018年的3.6%降至3.3%,随后将于2020年回升至3.6%。无论是发达经济体,还是新兴和发展中经济体,2019年的增长表现均将不敌2018年。发达经济体2019年经济增速预计将达1.8%,比2018年降低0.4个百分点;新兴和发展中经济体2019年经济增速为4.4%,比2018年降低0.1个百分点。世界银行2019年6月发布的《全球经济展望:紧张局势加剧,投资低迷》也对世界经济增速做出同样的预测,预计2019年世界经济增速为2.6%,相比2018年下滑0.4个百分点。其中,发达经济体经济增速将下滑至1.7%,新兴和发展中经济体经济增速将下滑至4.0%。

(二)人民币或呈双向波动,汇率将保持基本稳定

2019年人民币汇率将呈现双向波动形势,如果中美贸易摩擦不进一步恶化或中美贸易谈判进展顺利,人民币汇率将维持基本稳定,是影响出口的中性因素。2018年,中美贸易摩擦和央行的宽松货币政策导致人民币面临加大贬值压力,汇率从6.5贬值至6.86,贬值幅度达5.4%,人民币兑一篮子货币的CFETS指数累计贬值达1.7%。

预计2019年,人民币将面临双重波动情形,甚至可能出现阶段性升值，但总体波动性不大，汇率将保持基本稳定。在美股波动和美国经济指标走弱背景下，市场普遍预计，美联储将放缓甚至停止加息步伐，美元指数预计有所回落，而同时央行预计将进行多轮降准，这导致人民币可能会面临双向波动。但是随着人民币资本开放有序推进，人民币国际支付比重的提高，以及中美经贸问题的磋商顺利进行的可能性提高，预计未来人民币相对美元汇率将保持基本稳定。

（三）中美贸易摩擦影响加深，企业面临退出全球价值链压力

2018年中美贸易摩擦的不断升级导致加工贸易出口和外商投资企业出口增速放缓甚至下降，预计2019年这一趋势将会进一步恶化，中小企业和外商投资企业面临退出全球价值链的压力，这是影响出口的负面因素。

自国际金融危机以来，贸易保护主义开始抬头并呈现愈演愈烈态势，2018年3月美国开始对进口钢铝加征关税，7月开始对中国340亿美元进口产品加征25%的关税，8月开始将加征关税的进口产品数额增至500亿美元，9月底开始对来自中国的2000亿美元进口产品加征10%的关税，2019年5月开始把从中国进口的2000亿美元产品的进口税从10%提升至25%，

未来还有可能对余下的3000亿美元进口产品加征25%的关税。虽然中美贸易摩擦在开始阶段对中国出口影响不大,但随着时间推移,其负面影响逐渐显现并加深,尤其是2018年最后两个月,2019年这一趋势将会持续并进一步加深。

此外,美国等发达国家还在WTO改革和区域贸易协定等国际贸易规则制定方面推行"公平"和"对等"原则,制定高标准的FTA,甚至安插"毒丸条款",这将继续增加中国出口的相对成本,迫使企业将生产转移至其他发展中国家或回流至美国等发达国家,这将对2019年中国出口产生不利影响。虽然中国正在积极推进"一带一路"国际合作,但是由于"一带一路"相关国家与中国的贸易额并不大,因此其积极效应可能无法抵消中美贸易摩擦的负面效应,2019年中国出口将面临较大下行压力。

(四)国内生产成本有下行趋势

尽管中美贸易摩擦会导致部分零部件进口的成本上升,但是中国宽松货币政策和积极财政政策的推行,可能会抵消这种影响并进一步导致国内生产成本下行,是影响出口的正面因素。为了促进中国经济高效健康发展和缓解中美贸易摩擦带来的影响,2019年政府工作报告提出大量减费降税措施,其中包括普惠性减税与结构性减税，降低企业基础设施使用费，以及降低企业社保缴费负担，并重点降低制造业和小微企业税收负担。此外，中国央行适度宽松的货币政策和信贷政策将有利于企业降低融资成本和信贷成本。2018年央行实施4次定向降准措施，3次增加再贷款、再贴现额度，保持对实体经济的支持力度，预计2019年央行将继续实施适度宽松的货币政策，以及对实体经济和中小企业进行支持的信贷政策，企业融资成本将有所降低。这些都将降低企业的生产成本，有利于缓解中美贸易摩擦影响和增强企业活力和出口竞争力。

（五）产品质量将进一步提升

"中国制造"的产业升级和出口产品质量提升，是影响出口的正面因素。近年来，中国出口产品的质量升级趋势明显，出口附加值增加，一般贸易的比重提高，机电产品和高新技术产品出口所占比重增大，劳动密集型产品的出口价格和利润率也有所提升，贸易的质量不断提升。出口产品的品质提升有利于国外消费者增加对本国商品的购买，从而促进出口增长。

三 进口贸易影响因素

（一）中国经济增速放缓，但进口消费需求上升

2019年国内需求不会发生太大变化，是影响进口

的中性因素。国内对进口的需求主要由国内生产总值（GDP）增长率来决定，GDP 增长率的变化引致进口增速的变化，同时国内消费结构也对进口需求增速具有较为显著的影响。2018 年中国 GDP 增长 6.6%，受中美贸易摩擦影响，2019 年中国对 GDP 增长的预期目标是 6%—6.5%，增长目标区间下调，GDP 增速面临较大的下行压力。

但是，随着收入水平的提高和中产阶级群体的增加，中国居民的消费结构在不断变迁和升级，消费需求结构中高质量和多元化的进口商品需求占比增加，这又导致进口需求增速有可能大于国内总体需求增速。此外，跨境电子商务的发展和中国对外开放的不断深化将促进升级的消费需求转化为进口贸易的需求。因此，中国国内需求不会发生太大变化。

（二）进口商品价格增速放缓，进口增长承受负面影响

进口商品价格增速将继续放缓，甚至出现负增长，是影响进口的负面因素。2018 年，进口价格整体呈现上升态势，尤其是进口大宗商品，价格一直处于上升趋势，但最后两三个月进口商品价格增速放缓，甚至出现下跌趋势。例如，2018 年 11 月和 12 月，原油上升 33.2% 和 9.8%，成品油上升 23.1% 和 6.9%，煤

上升4.5%和下跌19.9%，铜上升5.9%和下跌10.1%，钢材上升9.4%和下跌2.3%，这将导致以货币计价的进口额受到负面影响。鉴于2019年世界经济增长动力不足，2019年大宗商品价格增速或将进一步收窄甚至下跌，对进口额的负面影响会增加。

（三）进一步扩大开放和主动扩大进口或使进口进一步增加

为了进一步促进经济结构转型升级和居民消费水平提高，以及实现贸易平衡，中国将进一步扩大开放和主动扩大进口，这是影响进口的正面因素。《外商投资法》的颁布和实施，"一带一路"国际合作项目的推进，汽车和部分日用品等商品进口关税的降低，这些扩大开放和主动扩大进口的政策和措施的实施和落地将会进一步降低进口关税和成本，以及促进贸易和投资的便利化，这无疑将在一定程度上大幅促进进口增长。

四 综合分析

2019年是中国外贸发展关键性的一年，既面临着严峻的挑战，也存在着新的发展动力和潜力。从整体外贸形势看，全球范围内经贸摩擦加剧、地缘政治紧张形势升温、世界经济下行风险凸显，中国外贸发展面临的环境严峻复杂；但与此同时，中国实施了一系列支撑经贸发展的贸易政策，全方位、深层次对外开放为中国外贸发展注入新的活力，可确保外贸平稳发展，提高质量。从出口贸易形势看，尽管中美贸易摩擦和全球经济增长乏力等多个不利因素将导致出口贸易增速大幅放缓，甚至出现负增长，但随着减税降费和对发展中国家市场的开拓，2019年的出口贸易将逐步企稳，增速虽远低于2018年的水平，但仍会保持适度正增长。从进口贸易形势看，虽然中国进一步扩大开放和主动扩大进口等政策因素会对2019年中国进口贸易产生积极影响，但由于存在滞后效应和力度不够，对进口增速的提升效果不会十分显著，鉴于全球经济疲软和中美贸易摩擦所逐渐导致的全球产业链转移影响，2019年中国进口贸易增速将大幅降低，甚至转为负增长。

执笔人简介：

苏庆义，中国社会科学院世界经济与政治研究所国际贸易研究室副主任、副研究员。

东艳，中国社会科学院世界经济与政治研究所国际贸易研究室主任、研究员。

倪月菊，中国社会科学院世界经济与政治研究所国际贸易研究室研究员。

张琳，中国社会科学院世界经济与政治研究所国际贸易研究室助理研究员。

马涛，中国社会科学院世界经济与政治研究所国际政治经济学研究室副主任、副研究员。

高凌云，中国社会科学院世界经济与政治研究所世界经济年鉴编辑部副主任、研究员。

臧成伟，中国社会科学院世界经济与政治研究所博士后。

马盈盈，中国社会科学院世界经济与政治研究所博士后。

王芳，中国社会科学院世界经济与政治研究所博士后。

黄蒙，中国社会科学院研究生院博士研究生。

纪石，中国社会科学院研究生院硕士研究生。

王楠倩，中国社会科学院研究生院硕士研究生。